Cymraeg i Weithwyr Gofal Cymdeithasol

~

Welsh for Social Care Workers

Cymraeg i Weithwyr Gofal Cymdeithasol

~

Welsh for Social Care Workers

MARK DRAKEFORD
STEVE MORRIS

CAERDYDD
GWASG PRIFYSGOL CYMRU
1995

ISBN 0-7083-1268-3

Mae cofnod catalogio'r gyfrol hon ar gael gan y Llyfrgell Brydeinig.
A catalogue record for this book is available from the British Library.

Cyhoeddwyd gyda chymorth ariannol CCETSW.
Published with the financial assistance of CCETSW.

Dyluniwyd y clawr gan Olwen Fowler, Pentan Design Practice, Cardiff.
Cover design by Olwen Fowler, Pentan Design Practice, Caerdydd.

Cysodwyd yng Ngwasg Prifysgol Cymru, Caerdydd.
Typeset at University of Wales Press, Cardiff.

Argraffwyd yng Nghymru gan Wasg Dinefwr, Llandybïe.
Printed in Wales by Gwasg Dinefwr, Llandybïe.

Cynnwys

Byrfoddau

eg	=	enw gwrywaidd / masculine noun
eb	=	enw benywaidd / feminine noun
ell	=	enw lluosog / plural noun
be	=	berfenw / verb-noun
ans	=	ansoddair / adjective
ben	=	benywaidd / female
t.	=	tudalen / page
n.	=	nodyn / note
gw	=	gweler / see
e.e.	=	er enghraifft / e.g.
h.y.	=	hynny yw / i.e.
a.a.	=	ac ati / etc
D.S.	=	Dalier Sylw / N.B.

Rhagair

Lluniwyd y deunydd a geir yn y llyfr hwn ar sail ein profiad yn dysgu myfyrwyr gwaith cymdeithasol ym Mhrifysgol Cymru, Abertawe dros y tair blynedd diwethaf. Hoffem gydnabod yn gyntaf y cymorth a'r anogaeth yr ydym wedi eu derbyn gan y myfyrwyr hyn a'u brwdfrydedd i ddatblygu gwasanaethau lles cymdeithasol trwy gyfrwng y Gymraeg. Rhaid diolch hefyd i'r cyd-weithwyr yn y maes a roddodd gyngor ar gynnwys ymarferol y gwahanol benodau.

Ni fyddai'r llyfr hwn wedi ymddangos oni bai am waith arloesol a chymorth ymarferol swyddfa Cymru'r Cyngor Canolog i Addysg a Hyfforddiant mewn Gwaith Cymdeithasol (CCETSW). Hoffem ddiolch yn arbennig i Rhian Huws Williams. Y mae ei hymrwymiad a'i hanogaeth wedi bod yn bwysig iawn o'r cyfnod pan feddyliwyd am y llyfr yn y lle cyntaf hyd at y cyhoeddi.

Yn olaf, hoffem ddiolch i staff Gwasg Prifysgol Cymru ac yn enwedig i Ruth Dennis-Jones a Susan Jenkins. Y mae eu gafael gadarn ar bob manylyn a'u hawydd i roi anghenion y darllenydd yn gyntaf wedi bod yn fodd i ni roi gwedd newydd ar gynnwys a diwyg nifer o'r penodau. Ni – a ni yn unig – sydd yn gyfrifol am unrhyw wallau, bylchau neu amryfusedd.

~

The material set out in this book has been shaped by the experience of teaching social work students at the University of Wales, Swansea over the past three years. Our first acknowledgement is to the help and encouragement we have received from these students and from the enthusiasm which they have brought to the development of social welfare services through the medium of Welsh. Thanks are also due to those colleagues in the field who gave advice on the practical content of the different chapters.

This book would not have appeared in the form it does without the pioneering work and the practical help of the Welsh office of the Central Council for Education and Training in Social Work. Our thanks are especially due to Rhian Huws Williams whose commitment and encouragement have been important over the long haul from first thinking of a book to its final apppearance.

Finally, our thanks go to the staff of the University of Wales Press and especially Ruth Dennis-Jones and Susan Jenkins whose formidable grasp of detail and determination to put the needs of the reader first have brought a fresh eye to the text at successive stages. Errors, omissions and strange idiosyncrasies of judgement, of course, remain entirely our own.

Mark Drakeford & Steve Morris
Abertawe, Mai 1995

Rhagymadrodd
~
Introduction

Rhagymadrodd

Pam dylai gweithwyr lles cymdeithasol yng Nghymru fod â diddordeb mewn cyflawni eu dyletswyddau trwy gyfrwng yr iaith Gymraeg? Onid yw'r iaith ar drai, yn iaith sy'n cael ei siarad gan hen bentrefwyr (sydd, wedi'r cwbl, yn medru'r Saesneg pan fyddant am ei siarad), mewn bro gyfyngedig yn y gogledd a'r gorllewin – yn ddefnyddiol i'r Bwrdd Croeso, efallai, ond yn ddim byd ond rhwystr i'r bobl broffesiynol hynny sy'n brin o amser ac yn wynebu problemau go iawn fel tlodi, anfanteision a gofidiau bywyd?

Yn ffeithiol ac yn foesegol, wrth gwrs, mae'r darlun hwn yn un cyfeiliornus tu hwnt. Mae'r iaith Gymraeg yn bell o fod ar drai ac yn iaith sydd ar gynnydd eto, wedi blynyddoedd o ddadfeilio, gyda'r cynnydd mwyaf yng nghanran y bobl ifainc sydd yn medru'r iaith. Defnyddir y Gymraeg bob dydd gan hanner miliwn o bobl. Dyma'r iaith a ddewisir gan oddeutu 20 y cant o holl boblogaeth Cymru.

Nid iaith wledig mo'r Gymraeg ychwaith. Er bod cyfran y defnydd o'r Gymraeg ar ei mwyaf mewn ardaloedd fel Gwynedd lle y mae'n brif iaith y boblogaeth, gwelir bod y niferoedd uchaf o siaradwyr i'w canfod yn ardaloedd trefol a dinesig de Cymru. Mae gan ardal Abertawe, er enghraifft, fwy o siaradwyr Cymraeg na threfi Caernarfon, Caerfyrddin ac Aberystwyth gyda'i gilydd.

Ac yn olaf, mae miloedd o bobl yng Nghymru o hyd nad ydynt yn medru unrhyw iaith arall ond y Gymraeg. Dangosodd cyfrifiad 1981 – y tro diwethaf i'r cwestiwn gael ei ofyn mewn cyfrifiad – fod dros 20,000 o bobl yr oedd yr iaith Gymraeg yn unig gyfrwng cyfathrebu iddynt. Yn fwy arwyddocaol byth i'r llyfr hwn, yn amlach na pheidio plant ifainc iawn, yr henoed, neu unigolion ag anawsterau dysgu yw'r Cymry uniaith hyn – mewn geiriau eraill, y maent ymhlith y grwpiau hynny sydd fwyaf tebyg o fod ag angen gwasanaethau lles cymdeithasol arnynt. Oherwydd hyn, nid yw'r ddadl dros ddarparu gwasanaethau trwy gyfrwng y Gymraeg yn gwestiwn o rifau yn unig; dylid pwysleisio ei bod hefyd yn fater o ymarfer dda ac effeithiol. Mae cyfathrebu yn ganolog i'r hyn y mae gweithwyr lles cymdeithasol yn ceisio ei wneud ac, yn aml iawn, mae'r cyfathrebu hwn yn digwydd lle mae gofid preifat a'r ddarpariaeth gyhoeddus yn dod i gysylltiad â'i gilydd. O ganlyniad, mae unigolion yn aml yn cael bod cyfarfod â gweithwyr cymdeithasol yn llawn straen ac yn digwydd mewn awyrgylch o argyfwng neu un sydd wedi'i lethu gan ofidiau preifat ac emosiynol. Daw'r anawsterau hyn gymaint yn fwy i'r amlwg pan fydd rhaid i'r person sy'n wynebu'r sefyllfa fynegi ei feddyliau a'i deimladau

Introduction

Why should social welfare workers in Wales be interested in carrying out their duties in the Welsh language? Surely the language is a dying one, spoken by elderly villagers (who can all speak English anyway, when they want to) in an ever-contracting heartland of the north and west – useful for the Tourist Board, perhaps, but only an obstacle in the path of busy, hard-pressed professionals faced with the real issues of poverty, disadvantage and distress?

Both factually and ethically, of course, this picture is deeply flawed. Far from dying out, Welsh is a language which, after decades of free-fall, is now on the increase again, with the most dramatic gains being in the proportion of younger people able to speak the language. Welsh is in daily use by half a million people. It is a language of choice for about 20 per cent of the total population in Wales.

Nor is Welsh a language of the countryside. While the proportionate use of Welsh is greatest in areas such as Gwynedd, where it has dominant status, the highest numbers of speakers are to be found in the urban concentrations of south Wales. The Swansea region, for example, has more Welsh speakers than the towns of Caernarfon, Carmarthen and Aberystwyth put together.

Finally, there continue to be thousands of people in Wales who know no language other than Welsh. The 1981 census returns – the last time the question was asked in a census – showed over 20,000 people for whom it is the only language of communication. Most significantly for this book, monolingual Welsh speakers are most often very young children, the elderly, and individuals with learning disabilities – in other words, amongst those groups most likely to be in need of social welfare services. Because of this, the case for providing services in the Welsh language is not simply one of numbers, it is also emphatically one of good and effective practice. Communication is the core of what social welfare workers are about and, very often, communication at the interface of private pain and public provision. As a result, individual encounters are often stressful, carried out in crisis or dominated by private and emotional concerns. How much more acute do these difficulties become when the person facing such predicaments is also obliged to force such thoughts and feelings through a language which is itself a barrier to effective communication.

The resulting principle is that service users, wherever they may be in Wales, have a right to receive that service in the language of their choice.

trwy gyfrwng iaith sydd ynddi'i hun yn ei rwystro rhag cyfathrebu'n effeithiol.

Yr egwyddor sy'n codi yn sgil hyn yw bod gan bawb sy'n defnyddio'r gwasanaethau, lle bynnag y bônt yng Nghymru, hawl i dderbyn y gwasanaethau hynny yn yr iaith y maent yn ei dewis. Felly, y mae'n ymgorffori nid yn unig hawliau sifil a gwleidyddol hanfodol ond y mae hefyd yn gonglfaen ymarfer effeithiol ym maes lles cymdeithasol. Serch hynny, nid yw mor syml â sicrhau bod digon o weithwyr sydd â chrap ar yr eirfa a digon o hyder iddynt fedru defnyddio'r Gymraeg yn y gwaith. Yn aml iawn, mae gweithwyr cymdeithasol yn deall i'r dim sut y defnyddir perthynas sy'n seiliedig ar rym i effeithio'n andwyol ar fywydau'r unigolion hynny yr ydym yn dod i gysylltiad â nhw. Weithiau, rydym yn llai sensitif i'r grym sydd gennym fel gweithwyr ac i'r ffyrdd y defnyddiwn y grym hwn wrth inni ymhél â'n gwaith. Mae dewis iaith yn ffordd sylfaenol o lunio'r berthynas hon sy'n seiliedig ar rym. Nid yw'n ddewis niwtral fel y dewis rhwng te a choffi. Ond mae penderfynu'n gadarnhaol a chyson o blaid rhoi dewis iaith i'r sawl sy'n defnyddio'r gwasanaethau – yn lle penderfynu er mwyn cyfleustra'r corff darparu – yn trosglwyddo neges bwysig am weithredu mewn ffordd gydweithredol yn hytrach na ffordd orfodol.

Ar wahân i'r busnes unigol wyneb-yn-wyneb o ddarparu gwasanaethau, ceir datblygiadau ehangach sydd gyda'i gilydd yn golygu y bydd yr angen am ymarferwyr Cymraeg eu hiaith yn y dyfodol yn cynyddu. Mae Deddf Iaith 1993, beth bynnag yw ei chyfyngiadau, yn gosod dyletswyddau newydd ac arwyddocaol ar gyrff cyhoeddus i ddatblygu a rhoi gwasanaethau sy'n ddwyieithog. O ran yr asiantaethau lles cymdeithasol, bydd y dyletswyddau newydd hyn yn ychwanegu at y rhai sydd eisoes yn mynnu eu bod yn darparu gwasanaethau mewn ffordd sy'n ieithyddol sensitif, er enghraifft yn Neddf Iechyd Meddwl 1983 a Deddf Plant 1989, fel a drafodir yn fwy manwl yn y penodau sy'n dilyn.

Bydd y newidiadau hyn yn arbennig o arwyddocaol oherwydd y ffordd neilltuol y defnyddir yr iaith Gymraeg yn y sector cyhoeddus. Yn draddodiadol cynllunir gwasanaethau cyhoeddus yn ôl y galw amdanynt. Er enghraifft, adeiledir ysgolion newydd mewn ardaloedd lle y ceir datblygiadau tai a lle y gwyddom yn barod y daw galw. Mae defnyddio gwasanaethau yn y Gymraeg yn gweithredu mewn ffordd sy'n hollol groes i'r dulliau hyn sydd wedi'u seilio ar y farchnad. Mae'r galw am wasanaethau cyhoeddus yn Gymraeg yn *dilyn* sefydlu'r gwasanaethau hynny. Pan nad oes gwasanaeth ar gael yn Gymraeg neu os oes rhaid gofyn yn arbennig am y gwasanaethau hyn, yna mae'r galw amdanynt yn aros yn isel iawn. Fodd bynnag, unwaith y darperir gwasanaethau mewn ffordd

It therefore not only embodies essential civil and political rights but also is a fundamental of effective practice in the social welfare arena. Nor is this only a matter of ensuring sufficient numbers of workers who have a grasp of relevant vocabulary and the confidence to use Welsh in their working lives. Social welfare workers are often well attuned to the ways in which power relationships are used to affect adversely the lives of those individuals with whom we come into contact. We are sometimes less sensitive to the powers which we hold as workers and to the ways in which these powers are exercised in our dealings. Choice of language is a basic shaper of these power relations. It is not a neutral selection like the choice between tea and coffee. Rather, a positive and sustained resolve to leave language preference with the service user – instead of being decided for the convenience of the organization – conveys its own message about a co-operative, rather than a coercive, mode of business.

Beyond the individual face-to-face business of delivering services, wider developments also combine to map out a future in which the need for Welsh-speaking practitioners will be on the increase. The 1993 Welsh Language Act, whatever its limitations, places new and significant duties upon public bodies to develop and deliver services which are bilingual. For social welfare agencies, these new duties will add to their existing obligations to provide services in a linguistically sensitive manner, for example in the Mental Health Act of 1983 and the 1989 Children Act, as discussed in more detail in later chapters.

These changes will be especially significant because of the particular way in which use of the Welsh language functions in the public domain. Traditional planning of public services is demand-led. New schools, for example, are built in areas of housing development where it is already known that a demand will arise. Use of Welsh-language services operates in precisely the opposite way to these market models. Demand for public services in Welsh *follows* supply. Where there are no Welsh-language services, or where access to such services can be obtained only on special request, the level of demand remains very low. Once services are provided in a convenient and non-stigmatizing manner however, demand emerges where none had been suspected and at a level which exceeds the provision which has stimulated its appearance in the first place.

Social welfare services are no different. Where language choice is genuinely and freely left to the consumer, rather than determined by the service provider, not only does demand for Welsh increase amongst existing users but new approaches are made by those who previously had considered such services to be too remote from their own experience to be of benefit.

hwylus nad yw'n peri chwithdod, yna ceir bod galw yno lle na ragwelwyd galw o'r blaen ac ar lefel sy'n uwch na'r ddarpariaeth a'i symbylodd yn y lle cyntaf.

Nid yw gwasanaethau lles cymdeithasol yn wahanol o gwbl. Pan roddir dewis iaith yn ddidwyll ac yn rhydd i'r sawl sy'n defnyddio'r gwasanaethau, yn hytrach na'i adael i ddarparwyr y gwasanaethau, mae'r galw am y Gymraeg yn sicr yn cynyddu ymhlith y rhai sydd eisoes yn defnyddio'r gwasanaethau hynny. Ond, ar ben hynny, mae'r sawl oedd gynt yn ystyried bod y gwasanaethau gwaith cymdeithasol yn rhy bell o'u profiad eu hunain i fod o les iddynt, hefyd yn dechrau gofyn am ddarpariaeth yn eu hiaith eu hunain.

Yn y pen draw, mae'r broses hon yn debyg o atgyfnerthu ei hunan. Iaith peuoedd yw'r Gymraeg; mae'n fwy tebyg o gael ei siarad mewn rhai sefyllfaoedd nag eraill. Hyd yma yn yr ugeinfed ganrif, y duedd oedd cyfyngu ei defnydd i'r cartref ac mewn bywyd personol yn unig, gan edrych ar y Saesneg fel iaith naturiol byd busnes a materion swyddogol. Mewn gwrthgyferbyniad llwyr, mae to newydd o blant ifainc yn codi, yn aml iawn o gefndir uniaith Saesneg, ac y mae'r iaith Gymraeg yn iaith naturiol iddynt wrth ymwneud ag awdurdod oherwydd eu haddysg mewn ysgolion cyfrwng Cymraeg. Mae'n bur debyg y bydd y bobl ifainc hyn yn llawer mwy penderfynol wrth gymryd yn ganiataol y gellir cyfathrebu trwy gyfrwng y Gymraeg â chyrff cyhoeddus eraill, gan gynnwys yr ystod helaeth o asiantaethau lles cymdeithasol.

Yn y cyfamser, wrth gwrs, mae llawer o waith i'w wneud o hyd wrth ddatblygu gallu'r fath awdurdodau i ddarparu gwasanaethau cydradd ac agored ar gyfer y Cymry Cymraeg sy'n eu defnyddio. Pwrpas y llyfr hwn yw cynorthwyo'r broses honno trwy helpu'r gweithwyr cymdeithasol hynny sy'n dysgu'r iaith neu sydd eisoes yn siarad Cymraeg gartref neu â ffrindiau ond heb yr eirfa na'r hyder angenrheidiol i ddefnyddio'r iaith yn y gweithle. Ni all un llyfr ar ei ben ei hun ymdrin â phopeth sydd ei angen yn yr amrywiaeth enfawr o sefyllfaoedd y mae gweithwyr lles cymdeithasol yn ymhél â nhw. Man cychwyn yn hytrach na diweddglo yw'r hyn sy'n dilyn.

Sut i ddefnyddio'r llyfr hwn

~

How to use this book

Sut i ddefnyddio'r llyfr hwn

Bwriad y llyfr hwn yw helpu gweithwyr ym maes lles cymdeithasol i wella eu gallu i ddarparu gwasanaethau drwy gyfrwng y Gymraeg. Mae'r llyfr yn canolbwyntio yn bennaf ar yr iaith lafar ac ar weithio gyda'r rhai sy'n defnyddio'r gwasanaethau hyn. Fodd bynnag, mae hefyd yn cynnwys syniadau a geirfa fydd o ddefnydd wrth drafod materion sy'n ymwneud â'r gwaith gyda chyd-weithwyr neu asiantaethau eraill. Pan fyddwch yn defnyddio'r llyfr yma, mae modd canolbwyntio ar y ddau faes hyn neu roi mwy o sylw i'r naill neu'r llall.

Mae pob un o'r prif benodau yn canolbwyntio ar weithio gyda grŵp arbennig o bobl. Mae'n bosibl y bydd gennych chi ddiddordeb arbennig mewn gweithio gydag un o'r grwpiau sy'n cael eu cynnwys yn y llyfr. Gallwch ddechrau gweithio gydag unrhyw bennod a throi at y lleill mewn unrhyw drefn a fynnwch. Eto i gyd, er bod pob pennod yn sefyll yn annibynnol, rydym yn eich cynghori i dreulio peth amser yn gweithio ar bob un o'r penodau, gan gynnwys y rheini nad ydynt yn delio â'r hyn sydd o ddiddordeb uniongyrchol i chi yn eich gwaith ar hyn o bryd. Y rheswm am hynny yw bod llawer o'r eirfa sy'n ymddangos mewn un bennod yn mynd i fod yn berthnasol i weithwyr lles cymdeithasol ar draws y sbectrwm. Hefyd, mae'r ymarferion cymwysedig ymhob pennod yn canolbwyntio ar y penderfyniadau pwysig a'r math o ddilema a wynebir wrth weithio gydag unigolion mewn gwahanol sefyllfaoedd.

Bydd rhagarweiniad byr yn cyflwyno maes arbenigol pob pennod, gan bwysleisio'r materion hynny sy'n arbennig o berthnasol i'r gwasanaethau drwy gyfrwng y Gymraeg. Rhoddir y rhagarweiniad yn Gymraeg a Saesneg. Ceisiwch ddefnyddio'r fersiwn Gymraeg yn gyntaf, gan ddefnyddio'r Saesneg dim ond os oes angen help gydag anawsterau geirfa neu syniadau cymhleth.

Cnewyllyn y llyfr hwn yw'r eirfa a sut i ddefnyddio'r eirfa honno yn y math o amgylchiadau y mae gweithwyr lles cymdeithasol yn dod ar eu traws bob dydd. Mae llawer o bobl sy'n siarad Cymraeg yn rhwydd ac yn rhugl â'u teuluoedd neu ymysg ffrindiau yn dweud nad yw hynny mor hawdd yn y gwaith. Rydym ni'n credu mai'r prif reswm am hyn yw nad ydynt yn gyfarwydd, yn Gymraeg, â rhai o'r geiriau mwy technegol – neu'r *jargon* – sy'n cael eu defnyddio mor aml ym maes lles cymdeithasol, a'r diffyg hyder o ran defnyddio'r Gymraeg sy'n dod yn sgil hynny. Hefyd, mae mwy a mwy o oedolion yn llwyddo i ddysgu Cymraeg sy'n gallu, ac sy'n fodlon, defnyddio'r iaith yn y gwaith ond bod angen iddynt ddod yn gyfarwydd â'r termau a'r geiriau arbennig sy'n berthnasol i les cymdeithasol.

How to use this book

This book aims to help workers in the field of social welfare to improve their ability to provide services through the medium of Welsh. The book concentrates mostly on the spoken language and on working with service users. It also includes, however, ideas and vocabulary which would be useful in discussing work issues with colleagues or other agencies. In using the book it is possible to concentrate on both of these areas or to give more attention to one or the other.

Each main chapter concentrates on work with a particular group of people. It may be that you will have a particular interest in working with one of the groups included in the book. You can begin work with any chapter and tackle the rest in any order you prefer. Yet, while every chapter is self-contained and free-standing, we nevertheless recommend that you spend some time working on all the chapters – including those which may not deal with your own present practice interests. This is because a good deal of the vocabulary which appears in one chapter will be relevant to social welfare workers across the whole discipline and because the practice exercises in all the different chapters concentrate upon the sorts of dilemmas to be faced and decisions to be made in face-to-face work wherever that may take place.

A brief introduction sets the scene for practice in that chapter's context, emphasizing the issues which are especially relevant to Welsh-language services. The introduction is included in Welsh and English. Please try to use the Welsh version first and use the English text to help out with any vocabulary difficulties or complicated concepts. If you are reading the English text at the moment, now would be a good time to begin this process.

The core of this book is vocabulary and its application to the sort of daily encounters in which social welfare workers are engaged. Many people who speak Welsh easily and fluently in their own families or amongst friends find that this is not always the case in the work-place. We believe that this is due to the unfamiliarity in Welsh of some of the more technical vocabulary – or jargon – which social welfare practice demands, and a lack of confidence in using Welsh which this then produces. There are also increasing numbers of successful adult learners of Welsh who are able, and willing, to use the language in work but need to be acquainted with the specific terminology and phraseology relevant to social welfare.

This is why we start with vocabulary. The exercises which begin each chapter introduce some key words which are important in working with the particular group concerned. It is not part of the purpose of this book

Dyna pam rydym yn dechrau gyda geirfa. Mae'r ymarferion ar ddechrau pob pennod yn cynnwys rhai geiriau allweddol sy'n bwysig wrth weithio gyda'r grŵp arbennig dan sylw. Nid bwriad y llyfr hwn yw cynnwys *pob* gair neu batrwm y bydd ei angen arnoch. Yn lle hynny, rydym wedi dewis tua dau gant o eiriau sylfaenol i ddechrau'r broses. Byddwch eisoes yn gyfarwydd â rhai o'r geiriau hyn. Bydd eraill naill ai'n newydd neu'n cael eu defnyddio mewn ffyrdd newydd. Rydym yn rhagweld y bydd defnyddwyr y llyfr hwn hefyd yn troi at y casgliadau o dermau sydd eisoes wedi'u cyhoeddi yn y maes yma, sef *Geirfa Gwaith Cymdeithasol* a *Geirfa Gwaith Plant* (gw. t.125).

Ymarferion geirfa

Ar eich pen eich hun

Astudiwch y rhestr gyntaf o eirfa ym mhob adran ac yna cwblhewch y ddwy set o ymarferion sy'n dilyn. Edrychwch dros eich atebion yn ofalus ac yna cymharwch nhw â'r atebion ar ddiwedd y llyfr. Chwiliwch am ystyron unrhyw eiriau nad ydych wedi eu gweld o'r blaen. Nodwch y gwahaniaethau rhyngddynt a'r atebion cywir, e.e. pam 'Llys Ynadon' ac nid 'Llys y Goron'? Beth yw'r gwahaniaeth rhyngddynt?

Ceisiwch lunio rhagor o frawddegau – naill ai ar lafar neu yn ysgrifenedig – i ddangos ystyr y termau sy'n ymwneud â'r maes arbennig dan sylw yn y bennod. Gwnewch yn siwr fod pob brawddeg yn dangos ystyr y gair yn glir: a fyddech yn gallu deall y gair o'r cyd-destun yn y frawddeg?

Gweithiwch yn yr un modd drwy'r ail restr o eirfa a'r ymarferion cysylltiedig.

Adolygwch yr eirfa yn gyson: dysgwch ddau neu dri gair bob dydd. Ysgrifennwch nhw ar ddarnau o bapur a rhowch nhw mewn llefydd amlwg – drws yr oergell, ochr y gwely, wal y tŷ bach! Syniad arall yw eu darllen ar gasét: gallwch wrando arno yn y car neu yn y tŷ wrth wneud rhywbeth arall. Serch hynny, fel y nodir isod, gorau po gyntaf y gallwch eu defnyddio naill ai trwy chwarae rôl gyda siaradwyr Cymraeg eraill neu mewn sefyllfa go iawn yn y gwaith, fel y byddant yn dod yn rhan naturiol o'ch gallu ieithyddol bob dydd.

Mewn dosbarth neu gyda rhywun arall sy'n siarad Cymraeg

Edrychwch dros y rhestrau geirfa ac yna gweithiwch ar y brawddegau mewn parau gan drafod y posibiliadau ymhob un ohonynt. Wedyn, fel grŵp, ewch drwy'r atebion gyda'ch hyfforddwr a thrafodwch y geiriau i

to cover every phrase you will ever need. Instead we have chosen about two hundred fundamental words to begin the process. Some of these words will already be familiar to you. Others will either be new or being used in a new way. It is anticipated that users of this book will have ready access to the previously published collections of terms in this field, namely *Geirfa Gwaith Cymdeithasol/A Social Work Vocabulary* and *Geirfa Gwaith Plant/Child Care Terms* (see p.125).

Vocabulary Exercises

Using the book on your own

Study the first list of vocabulary in each section and then complete the two sets of exercises which follow. Look over your answers carefully and compare them with the answers at the end of the book. Check the meanings of any words you have not previously come across. Note the differences between them and the correct answers, e.g. why 'Llys Ynadon' and not 'Llys y Goron'? What is the difference between them?

Try to form more sentences – either orally or in writing – to show the meaning of the terms relating to the particular field being examined in that chapter. Make sure that each sentence illustrates the word's meaning clearly: would you be able to understand the word simply by its context within the sentence?

Repeat the process with the second list of vocabulary.

Revise vocabulary constantly: learn two or three words every day. Write them on pieces of paper and put them in prominent places – the fridge door, the side of the bed, on the toilet wall! Another idea is to read them on to a cassette: you could then listen to them in the car or in the house whilst doing something else. However, as noted below, the sooner you are able to use them either in role-play with other Welsh speakers or in a genuine work environment, the sooner they will become a natural part of your linguistic repertoire.

In class or with another Welsh speaker

Look over the vocabulary lists and then work on the sentences in pairs, discussing the possibilities for each one. Then, as a group, go through the answers with your instructor and discuss all the words and their meanings. Why, for example, would some of the possible answers not be appropriate in the context of a given sentence?

Work out more examples in pairs (remember that you need to illustrate the meaning of the word clearly in the sentence) and compare them with

gyd a'u hystyron. Pam, er enghraifft, na fyddai rhai o'r atebion posibl yn gwneud synnwyr yng nghyd-destun brawddeg arbennig?

Lluniwch ragor o enghreifftiau mewn parau (cofiwch fod yn rhaid ichi ddangos ystyr y gair yn glir yn y frawddeg) a chymharwch nhw â pharau eraill. Unwaith eto, nid oes rhaid i hwn fod yn ymarfer ysgrifenedig – gallwch wneud hyn ar lafar.

Ar gyfer adolygu geirfa, gall eich hyfforddwr baratoi cardiau fflach a holl eiriau'r sesiwn blaenorol arnynt yn y ddwy iaith. Gellir eu defnyddio ar gyfer gwaith dysgu geirfa yn y dosbarth neu mewn parau – o'r Gymraeg i'r Saesneg neu o'r Saesneg i'r Gymraeg – a gellir rhoi geiriau addas i aelodau'r grŵp wneud stumiau â nhw a gweddill y grŵp yn dyfalu'r ystyr.

Sylwadau cyffredinol

Y nod yw ichi ddefnyddio cymaint o'r geiriau a'r termau newydd hyn ag sy'n bosibl yn eich gwaith bob dydd pan fyddwch yn siarad â'ch cleientau. Gwrandewch ar bobl eraill yn y lle cyntaf a phenderfynwch sut y byddech chi wedi dweud yr un peth naill ai yn Gymraeg neu mewn Cymraeg llai ffurfiol. Yna, wrth ichi siarad Cymraeg o ddydd i ddydd, dechreuwch yn raddol ddefnyddio'r geiriau rydych wedi'u dysgu. Os nad ydych yn fodlon ar air neu derm arbennig, mynnwch air â'ch hyfforddwr neu, yn well byth, â gweithwyr eraill sy'n defnyddio'r Gymraeg bob dydd: yn aml iawn, trwy drafod fel hyn, y mae geiriau Cymraeg naturiol am dermau Saesneg yn dod i'r golwg ac yn cael eu derbyn yn rhan o iaith bob dydd.

Cofiwch, yn y diwedd, mai'r prif nod yw gallu siarad Cymraeg yn hyderus â siaradwyr Cymraeg eraill, nid siarad fel geiriadur! Defnyddiwch y geiriau a'r termau hyn mewn ffordd sy'n naturiol i chi, i'ch tafodiaith ac yn bwysicach byth, i'ch cleientau.

Ymarferion Cymwysedig

Ar ôl ichi fynd trwy'r rhestrau o eiriau a'r ymarferion, byddwch wedi dod yn fwy cyfarwydd â'r geiriau y byddwch am eu defnyddio yn yr ymarferion cymwysedig sy'n dilyn. Yr ymarferion hyn yw'r ail elfen graidd yn y llyfr hwn. Maent yn hollbwysig oherwydd, fel arfer, na fydd geirfa ynddi'i hun yn gwneud y gwahaniaeth rhwng y gallu i ddefnyddio'r Gymraeg yn y gwaith neu beidio. Mae'r hyder sy'n dod yn sgil ymarfer y geiriau hynny mewn ffordd ddilys a naturiol yn hollbwysig hefyd.

Gall yr ymarferion hyn gael eu defnyddio gan ddarllenwyr sy'n mynd trwy'r llyfr ar eu pennau eu hunain a gan y rheini sy'n gallu ymarfer chwarae rôl gyda rhywun arall. Mae'n amlwg ei bod yn haws o lawer

those of other pairs. Again, it does not necessarily have to be a written exercise – you could do this orally.

For revising vocabulary your instructor could prepare flash-cards, with all the previous session's vocabulary on them in both languages. They could be used for vocabulary-learning work in class or in pairs – from Welsh to English or from English to Welsh – and suitable words could be given to members of the group to mime, for other members to guess their meaning.

General Comments

The aim is for you to use as many of the new words and terms as possible when talking to clients in your everyday work. Listen to other people initially and decide how you would have said the same thing either in Welsh or in a more informal kind of Welsh. Then, start gradually to use the vocabulary you have learnt when you speak Welsh from day to day. If you are not happy with a particular phrase or term, discuss it with your instructor or, better still, with other workers who use Welsh on a daily basis: it is often through this discussion process that natural Welsh equivalents for English terminology emerge and become acceptable in everyday speech.

Finally, always remember that the main aim is to be able to speak in Welsh confidently with other Welsh speakers, and not to speak like a dictionary! Use these words and terms in a way which is natural for you, your dialect and, most importantly, for your clients.

Applied Exercises

Once you have been through the vocabulary lists and the associated exercises, you will have begun to become more familiar with the words which you will need for the practice applications which follow. The applied exercises are the second core-component in this book. This is because vocabulary by itself will not normally make the difference between being able to use Welsh for work, or not. The confidence which comes from practising that vocabulary in a lifelike way is also crucial.

These exercises can be used by readers going through the book on their own and by those who can try out the exercises with someone else as role-play. Obviously it is a lot easier to practise using the language if there is a real person to respond to and to learn from or with. But, if you are using the book on your own, it is most important when using the applied exercises, to hear your own voice speaking the new words as if you were in work. Speak out loud and try a variety of ways of tackling the different exercises.

ymarfer defnyddio iaith os bydd person go iawn yno i ymateb, fel y gallwch ddysgu oddi wrth neu gyda'ch gilydd. Ond os ydych yn defnyddio'r llyfr ar eich pen eich hunan, mae'n hanfodol bwysig wrth ichi ddefnyddio'r ymarferion ichi glywed eich llais eich hunan yn dweud y geiriau newydd, yn union fel pe baech yn y gwaith. Siaradwch yn uchel ac arbrofwch gyda'r gwaith o gyflawni'r ymarferion mewn nifer o wahanol ffyrdd.

Ymhob pennod mae pedair ymarfer gymwysedig a phob un yn fwy anodd na'r un flaenorol. Cynhwysir ychydig o gymorth geirfaol ar ddechrau'r ymarferion. Yna dilynir y rhan fwyaf o'r ymarferion gan dri math o bwyntiau ysgogi:

Cwestiynau ysgogi sy'n eich helpu i adnabod rhai o'r materion a godir yn yr ymarfer;

Ystyriaethau wedi'u cynllunio i'ch helpu i feddwl am y materion hyn;

Penderfyniadau fydd yn eich helpu i feddwl sut y byddech yn ymateb i'r problemau a godir yn yr ymarfer.

Wrth i'r ymarferion fynd yn eu blaen mae'r help yn raddol yn mynd yn llai. Erbyn ichi gyrraedd yr ymarfer olaf ymhob pennod, bydd yr help o ran pwyntiau ysgogi bron wedi diflannu'n llwyr. Tua diwedd y gyfres o ymarferion cymwysedig, yn aml iawn mae cyfle i geisio ysgrifennu rhywfaint yn y Gymraeg, i'r darllenwyr hynny fyddai'n hoffi gwneud hyn. Rhywbeth dewisol yw hyn bob amser ac awgrymir ymarfer ar lafar bob tro hefyd, i'r sawl sydd am ganolbwyntio ar waith llafar.

Gweithiwch trwy'r ymarferion cymwysedig i gyd. Treuliwch gymaint o amser ag sydd ei angen arnoch a pheidiwch â phoeni am weithio'n araf. Mae'n well aros gyda phennod, hyd yn oed os yw hynny'n eithaf ymdrech ichi, na neidio ymlaen at ddeunydd newydd heb lwyddo i oresgyn unrhyw anawsterau. Peidiwch â phoeni – fe ddaw pethau'n haws wrth ichi fynd yn eich blaen!

Each chapter has four applied exercises of graded difficulty. Some additional help with vocabulary is included at the beginning of the exercises. Most exercises are then followed by three sorts of prompts:

Prompt questions which help you to identify some of the issues raised in the exercise;

Considerations designed to help you think about these issues;

Decisions to help you think about how you might respond to the dilemmas raised in the exercise.

As the exercises proceed so the help provided gradually gets less and less. By the time you get to the final exercise in each chapter the help in terms of prompts will almost completely have disappeared. Towards the end of the sequence of applied exercises there is often the chance to try out some written Welsh, for those readers who would like that opportunity. However, this is always optional and a spoken exercise is also suggested in each case, for those who want to concentrate on oral work.

Please work your way through the whole of the practice sequence. Take as much time as you need and don't worry about working slowly. It is better to stick with a chapter, even if this is sometimes a struggle, than to skip on to new material without having got to grips with the difficulties. Don't worry – it will get easier as it goes along!

Gweithio gyda'r henoed

~

Working with the elderly

Rhagarweiniad

Mae gweithio gyda'r henoed yn gofyn am sensitifrwydd ychwanegol lle y mae iaith yn y cwestiwn, rhywbeth sy'n arbennig o bwysig yma yng Nghymru. I ddechrau, mae canran y bobl hŷn yn uwch na chanran pobl ifainc, mwy heini, yn y gwaith a wneir gan weithwyr lles cymdeithasol. Ceir bod siaradwyr Cymraeg hefyd yn fwy niferus ymhlith y to hŷn mewn llawer rhan o'r wlad.

Gall delio â chyrff swyddogol a biwrocratiaeth gymhleth fod yn arbennig o anodd i unigolion y mae disgwyliadau a phrofiadau eu cenhedlaeth wedi eu dysgu i ystyried cyrff o'r fath gydag agwedd ymostyngar yn hytrach na'u gweld fel gwasanaethau y mae ganddynt hawl iddynt. Mae'r fath rwystrau i gydraddoldeb hawl i wasanaethau yn fwy amlwg byth pan fydd rhaid cynnal cyfarfod neu drafodaeth mewn iaith sydd yn anghyfarwydd i'r cleient ac sydd felly'n creu rhwystrau ychwanegol iddo. Mae'r ddadl dros osod y cyfrifoldeb am leihau'r rhwystrau hyn yn nwylo darparwyr cymharol rymus y gwasanaethau lles, yn lle ei adael gyda'r cleient hŷn, cymharol ddi-rym, yn gryf iawn. Y canlyniad ymarferol i hynny wrth reswm yw'r ewyllys i ddarparu gwasanaethau llawn yn y Gymraeg a gadael unrhyw anawsterau yn sgil hynny yn nwylo'r asiantaethau a'u hymarferwyr, yn hytrach na'r cleientau.

Ar ben hynny, mae gweithio gyda'r henoed o ddydd i ddydd yn dibynnu ar amrediad ehangach o weithwyr lles cymdeithasol na meysydd ymarfer eraill. Mae gan weithwyr gofal preswyl, staff canolfannau dydd a'r rhai sy'n darparu gwasanaethau yng nghartrefi pobl ran bwysig i'w chwarae yn y maes hwn hefyd. Dylai darpariaeth ddwyieithog lawn sicrhau bod modd derbyn fel hawl, wasanaethau yn yr iaith a ddewisir ar draws y sbectrwm. Mewn gwirionedd, mae'r darlun yn llawer rhy amrywiol inni fedru bod yn hyderus na fyddai cysylltiadau gwan iawn yn y fath gadwyn o wasanaethau hunanatgyfnerthol. Y patrwm nodweddiadol yn y gorffennol diweddar fyddai i'r fath gadwyn o wasanaethau cyfrwng Cymraeg newid yn gyfan gwbl i'r Saesneg wrth ymateb i'r ychydig sefyllfaoedd hynny na ellid eu cynnal trwy'r Gymraeg. Er mwyn y cleient ac er mwyn datblygu gwasanaeth Cymraeg safonol, mae'n bwysig osgoi'r fath gamgymeriadau yn y dyfodol.

Yn olaf, wrth weithio gyda phobl hŷn yn y Gymraeg, y mae goblygiadau ieithyddol, yng nghyd-destun materion fel parch a meddwlgarwch, sy'n llai amlwg yn y Saesneg.

Introduction

Working with older people calls for an extra sensitivity to language which is especially important in Wales. To begin with, older people are to be found in greater concentrations within the workloads of social welfare workers than are their younger and fitter counterparts. Welsh speakers themselves are also to be found in largest numbers amongst older people in many parts of the country.

Dealing with official bodies and complex bureaucracies can be especially daunting for individuals whose generational experience and expectation have led them to regard such organizations with deference rather than as services to which they have a right. Such barriers to equality of access are all the more acute when encounters have also to be conducted in a language which itself provides a new series of hurdles to the unfamiliar speaker. The case for taking such obstacles away from the relatively powerless, older service-user and placing them instead with the relatively powerful service-provider is overwhelming. The practical consequence has to be a willingness to provide full services in the Welsh language and to leave any difficulties which this may involve with the agency and its practitioners, rather than with the client.

Day-to-day work with older people also routinely relies upon a wider range of social welfare professionals than in some other areas of practice. Residential-care workers, day-centre staff, and those who mainly provide services within a person's own home all have an important part to play in this area of social welfare. A fully bilingual provision ought to ensure that, as a right, it is possible to obtain services in the language of choice right across this spectrum. In fact, the picture remains far too variable to be confident that such a chain of self-reinforcing services would not have its own weak links. The characteristic pattern in the recent past would have been for such a chain of Welsh-speaking services to have reverted as a whole to English, in response to the few links which could not be negotiated otherwise. It is important, both for the client and for the development of a truly normalized Welsh-language service to avoid such mistakes in the future.

Finally, in work with older people, the issues of respect and consideration have linguistic connotations for Welsh speakers which are less acute in English.

Cyflwyno'r Eirfa

Geirfa 1

accommodation	llety (-au) *(eg)*
admission	derbyniad (-au) *(eg)*
ambulant	[1]yn gallu cerdded
bedridden	gorweiddiog *(ans)* neu [2]yn gaeth i'r gwely
bereavement	profedigaeth (-au) *(eb)*
community care	gofal yn y gymuned
community centre	canolfan gymuned *(eb)* (canolfannau cymuned)
confused	cymysglyd *(ans)*
day care	gofal dydd *(eg)*
day centre	canolfan ddydd *(eb)* (canolfannau dydd)
deaf	byddar *(ans)*
deafness	byddardod *(eg)*
dementia	dementia *(eg)* neu dryswch
depression	[3]iselder (ysbryd) *(eg)*
deterioration	[4]dirywiad (-au) *(eg)*
disability	anabledd (-au) *(eg)*
domiciliary care	gofal cartref *(eg)*
elderly	oedrannus *(ans)*

---

[1] *Yn aml iawn, defnyddir termau fel hyn yn Saesneg yn rhan o jargon gwaith cymdeithasol – dylid osgoi eu trosglwyddo i'r Gymraeg. Mae'r ymadrodd cyfatebol yn y Gymraeg yn fwy amlwg ac, felly, bydd yn fwy amlwg hefyd i'r cleient.*

[2] *Er mai 'gorweiddiog' a geir yma, prin iawn y clywir hynny, yn enwedig yn ne Cymru. Yr hyn a glywir gan amlaf yw 'yn gaeth i'r gwely'.*

[3] *Clywir, yn gyffredinol, sôn am rywun sy'n 'isel ei (h)ysbryd' yn Gymraeg.*

[4] *Y duedd yn aml iawn yn Gymraeg yw defnyddio berf yn lle enw, e.e. There's been a recent deterioration in his health – Mae ei iechyd wedi dirywio'n ddiweddar.*

Ymarfer Geirfa 1a

Dewiswch y gair/geiriau sy'n cyfateb orau i'r bwlch yn y brawddegau canlynol:

1 Oherwydd ei oedran a'r ffaith nad oedd neb yn y teulu yn gallu edrych ar ei ôl yn ystod y dydd, cytunwyd rhoi _____ iddo fe.

   a gofal tŷ   b gofal manwl   c gofal cartref
   ch gofal mawr   d gofalwr

2 Cafwyd atebion _____ iawn gan y fenyw – roedd hi'n gwrth-ddweud ei hunan drwy'r amser.

   a cymysglyd   b cymysgwch   c cymesur
   ch cymwysedig   d cymharol

3 Yn ddiweddar, doedd Mr Jones ddim yn gallu clywed dim ac ofnwyd ei fod yn mynd yn _____.

   a fyddardod   b byddar   c byddardod
   ch fyddar   d byddarol

4 Anfonwyd carden a blodau atyn nhw i gydymdeimlo â nhw yn eu _____.

   a profiad   b profedigaeth   c profion   ch prawf   d proffwydoliaeth

5 Roedd cyfle i bawb gymdeithasu o naw tan bump yn y _____.

   a ganolfan gadw   b gofal cartref   c gofal dydd
   ch ganolfan gartref   d ganolfan ddydd

6 Doedd y dyn ddim wedi ei drechu gan ei _____, er gwaethaf blynyddoedd maith o fod mewn cadair olwyn.

   a anallu   b anabl   c anabledd   ch anaf   d anap

7 Cafodd y _____ newydd i'r henoed ei agor gan yr aelod seneddol – bydd dros 25 o bobl yn byw yno.

   a gwesty   b llety   c lloriau   ch ganolfan   d fflat

8 Nodwyd _____ pendant yn ei iechyd – mae e'n waeth o lawer heddiw na ddoe.

a dirwy   *b* dryw   *c* gwaethygu   *ch* diwygiad   *d* dirywiad.

9 Yr henoed – neu bobl _____ – yw'r rhan fwyaf o'r bobl yn yr ardal yma erbyn hyn.

a oedran   *b* oedi   *c* oed   *ch* oedrannus   *d* oedolion

10 Mae *ambulant* yn derm cymhleth sy'n dweud, mewn gwirionedd, fod rhywun yn gallu _____.

a crwydro   *b* mynd am dro   *c* cerdded
ch mynd mewn ambiwlans   *d* rhedeg

Ymarfer Geirfa 1b

Llenwch y grid â'r gair/geiriau a ddiffinnir yn y brawddegau canlynol (cofiwch mai UN llythyren yw CH, DD, FF, NG, LL, PH, RH, TH yn Gymraeg):

1 Gyda hyn, roedd plant yr hen ddyn yn gwybod y byddai'n sicr o gael pob cymorth pan fydden nhw'n gweithio o naw tan bump:

_ _ _ _ _   _ _ _

2 Disgrifiad o gyflwr pan dydych chi ddim yn gweld llawer o obaith, er enghraifft, ac mae popeth yn edrych yn dywyll:

_ _ _ _ _ _ _

3 Rhywle sy'n llawn gweithgaredd gyda phethau'n cael eu trefnu ar gyfer amrywiaeth o bobl ac yn gwasanaethu ardal arbennig:

_ _ _ _ _ _ _ _   _ _ _ _ _ _

4 Ffordd arall o ddweud bod rhywun yn gaeth i'r gwely:

_ _ _ _ _ _ _ _ _

5   Y weithred o fynd i mewn i rywle fel ysbyty, er enghraifft, a chael eich cofrestru a'ch rhoi ar ward; neu mewn gwesty, cael eich croesawu yno:

– – – – – – – – –

6   Enw'r cyflwr pan na allwch chi glywed dim:

– – – – – – – –

7   Os ydych chi wedi drysu heb ddim byd yn glir yn eich pen . . . :

– – – – – – – – –

8   Rhywbeth y mae pawb sy'n colli rhywun annwyl yn mynd trwyddo, yn dilyn marwolaeth:

– – – – – – – – – – –

9   Rhywle i fyw – dros dro gan amlaf – neu enw cyffredinol am rywle i fyw:

– – – –

10 Cyfnod o waethygu yn eich iechyd, er enghraifft; mynd o ddrwg i waeth, efallai:

– – – – – – – –

Geirfa 2

elderly persons' home	cartref hen bobl *(eg)* (cartrefi hen bobl)
hard of hearing	[1]trwm ei glyw/ei chlyw
home help	cymorth cartref *(eg)* (cymhorthion cartref)
hospitalize	[2]cael ei gadw/ei chadw yn yr ysbyty
	neu anfon i'r ysbyty
housebound	yn gaeth i'r tŷ
isolated/alone	[3]ar ei ben/ei phen ei hun
long-term illness	salwch tymor hir *(eg)*
lunch club	clwb cinio *(eg)* (clybiau cinio)
meals on wheels	pryd ar glud
mental deterioration	dirywiad meddyliol *(eg)*
mobile	symudol *(ans) neu* yn gallu symud *(be)*
neglect	diofalwch *(eg) neu* esgeulustod *(eg)*
network	rhwydwaith *(eg)* (rhwydweithiau)
old people's home	cartref henoed *(eg)* (cartrefi henoed)
physical disability	anabledd corfforol *(eg)* (anableddau corfforol)
retirement age	oed ymddeol *(eg)*
sheltered housing	cartrefi lloches *(ell)*
walking aid	cymorth cerdded *(eg)* (cymhorthion cerdded
	neu offer cymorth cerdded)
warden-controlled accommodation	llety dan reolaeth warden

---

[1] *Mae rhaid addasu yma, wrth gwrs, yn ôl y person sy'n siarad, h.y. she is hard of hearing – mae hi'n drwm ei chlyw; I am hard of hearing – dw i'n drwm fy nghlyw.*
[2] *Gw. n.5 uchod.*
[3] *Gw. n.5 uchod.*

Ymarfer Geirfa 2a

Dewiswch y gair/geiriau sy'n cyfateb orau i'r bwlch yn y brawddegau canlynol:

1 Cytunodd y gweithwyr cymdeithasol yn y cyfarfod ei bod yn bwysig sefydlu _____ ohonynt i gyd-drefnu'r gwaith drwy'r wlad.

   a trefn   *b* rhwydi   *c* rhwydwaith   *ch* gwaith rhwydo   *d* nifer

2 Yn dilyn y ddamwain a'r anaf i'w droed, roedd y ffon yn _____ hanfodol i'r dyn.

   a gymorth cyntaf   *b* gymorth cerdded   *c* gymorth crwydro
   ch gymorth cartref   *d* gymorth cyfreithiol

3 Cafodd y gweithiwr cymdeithasol ei gyhuddo o _____ ar ôl iddo fynd i'r dre i siopa yn lle edrych ar ôl y cleient.

   a ddigadwraeth   *b* ddiogelwch   *c* ddieithrwch
   ch ddioddefaint   *d* ddiofalwch

4 Penderfynwyd anfon y fenyw i lety dan _____ warden achos byddai rhywun yno i edrych ar ei hôl hi drwy'r amser.

   a reolau   *b* reolaeth   *c* draed   *ch* ofal   *d* drefn

5 Cafodd y dyn losgiadau difrifol i'w ddwylo a chafodd ei _____ am wythnos.

   a anfon at y meddyg   *b* anfon i'r feddygfa   *c* gadw yn y gwely
   ch gadw yn yr ysbyty   *d* anfon at arbenigwr

6 Wedi gweithio ar hyd ei oes, roedd y dyn yn falch o gyrraedd _____ a rhoi'r gorau i'w waith.

   a oed ymddeol   *b* oed yr addewid   *c* oed ymddiswyddo
   ch oedran meddyliol   *d* oedrannus

7 Gan ei fod yn _____ i'r tŷ, doedd e ddim yn gallu mynd allan nawr i wneud y pethau roedd e'n arfer eu gwneud.

   a was   *b* rhwym   *c* gaeth   *ch* ynghlwm   *d* rhydd

8 Doedd y fenyw ddim yn fyddar ond roedd hi'n drwm iawn ei

_____.

a glyw *b* clyw *c* clywed *ch* chlustiau *d* chlyw

9 Mae _____ yn gymorth mawr i'r bobl hynny sy'n methu coginio eu bwyd eu hunain.

a pryd symudol *b* olwyn-bryd *c* pryd olwyn
ch pryd ar glud *d* pryd ar olwyn

10 Roedd bod yn _____ yn bwysig iawn iddo er mwyn defnyddio ei draed gymaint ag oedd yn bosibl.

a symudol *b* hyblyg *c* gorfforol *ch* symudadwy *d* symudiad

Ymarfer Geirfa 2b

Llenwch y grid â'r gair/geiriau a ddiffinnir yn y brawddegau canlynol (cofiwch mai UN llythyren yw CH, DD, FF, NG, LL, PH, RH, TH yn Gymraeg):

1 Roedd ei sylwadau'n rhai cymysglyd iawn a doedd dim llawer o synnwyr iddynt – ofnwyd bod hyn yn arwydd o:

_ _ _ _ _ _ _ _   _ _ _ _ _ _ _ _

2 Cafodd llawer o'r rhain eu hadeiladu yn ystod y deng mlynedd diwethaf, sef lletty i'r henoed, gyda'i gilydd, gyda warden i edrych ar eu holau nhw:

_ _ _ _ _ _ _ _   _ _ _ _ _

3 Gallwch ymuno â hwn er mwyn cael bwyd ganol dydd:

_ _ _ _   _ _ _ _ _

4 Mae hyn yn 60 i fenywod a 65 i ddynion – ar hyn o bryd:

_ _ _   _ _ _ _ _ _

5 Enwau ar lety arbennig i'r henoed:

   _ _ _ _ _ _ _   _ _ _   _ _ _ _

   neu: _ _ _ _ _ _ _   _ _ _ _ _ _

6 Term cyffredinol am y math o help y mae pobl yn ei gael yn eu tai eu hunain:

   _ _ _ _ _ _   _ _ _ _ _ _ _

7 Doedd neb arall o gwbl yn byw gyda hi – roedd hi . . . :

   _ _   _ _   _ _ _   _ _   _ _ _

8 Afiechyd nad oes gwellhad buan iddo sy'n para am gryn dipyn o amser:

   _ _ _ _ _   _ _ _ _ _   _ _ _

9 Lefel o anallu mewn person o ran y corff yn hytrach na'r meddwl:

   _ _ _ _ _ _ _   _ _ _ _ _ _ _ _

10 Bwyd sy'n cael ei goginio a'i ddosbarthu i gartrefi gan bobl mewn cerbydau:

   _ _ _ _   _ _   _ _ _ _

Ymarferion Cymwysedig

Os ydych chi'n defnyddio'r llyfr hwn ar eich pen eich hunan, dilynwch y cyfarwyddiadau dan **Gwaith unigol**.

Os ydych chi'n defnyddio'r llyfr hwn gyda rhywun arall sy'n siarad Cymraeg neu'n dysgu'r iaith, dilynwch y cyfarwyddiadau dan **Gwaith pâr**.

Os oes angen mwy o gyngor ar sut i weithio trwy'r ymarferion yma, trowch yn ôl i'r bennod 'Sut i ddefnyddio'r llyfr hwn'.

Ymarfer Gymwysedig 1

Geirfa

ar ddyletswydd	on duty
gofid(-iau)	concern(s)/worry (worries)
sylweddol	substantial
tystiolaeth	evidence
anawsterau	difficulties
gweithredu	to act/action
ymgynghori	to consult

Y sefyllfa

Rydych chi ar ddyletswydd yn swyddfa gwasanaethau cymdeithasol yr ardal ac rydych chi'n derbyn galwad ffôn gan gymydog un o'ch cleientau oedrannus. Enw'r cleient yw Miss Jones. Mae ei chymydog, Mrs Evans, yn ffonio i gwyno am y 'cyflwr y mae Miss Jones ynddo' a'r 'trafferth mae hi'n 'i gael gyda hi'.

Mae Mrs Evans yn dweud wrthoch chi nad yw hi a Miss Jones, sy wedi bod yn gymdogion am ugain mlynedd, erioed wedi ffraeo gyda'i gilydd. Fodd bynnag, yn ystod y deuddeg mis diwethaf, mae popeth wedi newid. Mae Miss Jones yn crwydro yn yr ardd gyda'r hwyr. Mae hi'n codi lefel sŵn y teledu fel y gellir ei glywed drws nesaf. Dydy hi ddim yn ymolchi nac yn bwyta. Mae'n rhaid gwneud rhywbeth.

Y dasg

Gwaith pâr
Defnyddiwch y sefyllfa uchod a'r cwestiynau ysgogi, ystyriaethau a phenderfyniadau isod i fynd trwy'r alwad ffôn gyda'ch gilydd. Chi ddylai chwarae rhan y gweithiwr cymdeithasol, yn y lle cyntaf o leiaf.

Gwaith unigol
Meddyliwch am y materion hynny a all godi mewn galwad ffôn o'r fath. Defnyddiwch y cwestiynau ysgogi isod i nodi'r geiriau Cymraeg y byddai eu hangen arnoch mewn unrhyw drafodaeth gyda Miss Jones. Defnyddiwch yr ystyriaethau a'r penderfyniadau i ffurfio cynlluniau gweithredu.

Cwestiynau ysgogi

1. Beth yw cyfeiriad a rhif ffôn Mrs Evans?
2. Pryd gwelodd hi Miss Jones ddiwetha?
3. Pa mor ddiweddar digwyddodd y problemau y mae hi wedi sôn amdanyn nhw?
4. Ydy hi wedi trafod ei gofidiau a'i chwynion gyda Miss Jones yn uniongyrchol?
5. Oes dirywiad sylweddol wedi bod yn ddiweddar?

Ystyriaethau

1. Ers faint rydych chi'n nabod Miss Jones?
2. Pryd ymweloch chi â hi ddiwetha?
3. Oes unrhyw dystiolaeth arall o ddirywiad meddyliol neu gorfforol?
4. Pa wasanaethau eraill mae Miss Jones yn eu derbyn? Ydy hi'n cael pryd ar glud neu gymorth cartref?
5. Beth yn eich barn chi sydd wedi ysgogi Mrs Evans i wneud ei galwad ffôn? Ai gofid yn bennaf am ei chymydog yw ei rheswm neu ydy hi'n fwy awyddus i gwyno am yr anawsterau y mae hi'n dweud bod Miss Jones wedi'u hachosi?

Penderfyniadau

Ar ddiwedd yr alwad, a fyddech chi'n:

• gofyn i Mrs Evans roi ei chwynion ar bapur a dweud wrthi hi y

byddwch chi'n gweithredu arnyn nhw pan gaiff ei llythyr ei dderbyn?
* penderfynu ymgynghori â gweithwyr eraill (cymorth cartref, nyrs gymuned, meddyg) sy efallai yn nabod Miss Jones, a chytuno i ffonio Mrs Evans eto pan fydd y darlun yn fwy clir?
* penderfynu ymweld â Miss Jones i asesu'r sefyllfa drosoch eich hunan?
* unrhyw ddull gweithredu y byddai'n well gennych ei ddilyn.

Ymarfer Gymwysedig 2

Geirfa	moddion	medicine
	peri	to cause
	cyfathrebu	to communicate
	gwaethygu	to get worse
	yn drech na hi	too much for her

Y sefyllfa

Chi yw Pat Roberts, nyrs gymuned. Rydych chi ar ymweliad arferol pythefnosol â chartref Miss Jones, person oedrannus sy'n byw ar ei phen ei hun. Rydych chi'n galw achos bod meddyg Miss Jones yn poeni ei bod yn fwyfwy cymysglyd, weithiau'n isel ei hysbryd a ddim bob amser yn fodlon ar y moddion mae hi'n gorfod eu cymryd. Rydych chi'n asesu ei hiechyd corfforol a meddyliol. Mae Miss Jones yn fenyw unig, ar ei phen ei hun ac mae ei byddardod yn gallu peri problemau iddi hi wrth gyfathrebu ag eraill. Mae hi bob amser wrth ei bodd yn eich gweld chi.

Heddiw, mae hi'n isel iawn ei hysbryd. Mae hi wedi ffraeo'n wael gyda'i chymydog Mrs Evans. Mae Miss Jones yn dweud dydyn nhw erioed wedi dod ymlaen â'i gilydd a bod pethau wedi gwaethygu'n fawr yn ystod y chwe mis diwethaf, ers i Mrs Evans roi ei thŷ ar werth gan ddweud bod y rhai sy'n debyg o'i brynu yn penderfynu peidio â gwneud oherwydd cyflwr gwael ei gardd hi. Mae Miss Jones yn dweud ei bod hi wedi ceisio rhoi trefn ar yr ardd ond bod y gwaith yn drech na hi ar ei phen ei hun.

Y dasg

Gwaith pâr
Parhewch â'r sgwrs fyddai'n dilyn am weddill eich ymweliad cartref. Defnyddiwch y cwestiynau ysgogi, ystyriaethau a phenderfyniadau isod i'ch helpu.

Gwaith unigol
Meddyliwch am y materion hynny a all godi wrth ymweld â chartref rhywun fel hyn. Defnyddiwch y cwestiynau ysgogi isod i nodi'r geiriau Cymraeg y byddai eu hangen arnoch. Dylech ymarfer y cwestiynau yn uchel.

Cwestiynau ysgogi

1. Pryd digwyddodd y ffrae?
2. Beth yn union oedd y rheswm y tu ôl i'r ffrae?

Ystyriaethau

1. Sut mae'r digwyddiad wedi effeithio ar gyflwr iechyd Miss Jones yn gyffredinol? Ydy hi'n bwyta'n iawn ac yn edrych ar ôl ei hunan? Ydy hi wedi bod yn cymryd ei moddion? Oes pryderon eraill ganddi hi?
2. Faint mae'r hyn y mae Miss Jones yn ei ddweud yn cydweddu â phethau eraill yr ydych chi'n gwybod amdani hi? Ydy'r tŷ drws nesaf wedi bod ar werth am amser hir? Beth oeddech chi'n ei wybod yn y gorffennol am y sefyllfa rhwng y ddau gymydog?

Penderfyniadau

Ar ddiwedd yr ymweliad, a fyddech chi'n:

* penderfynu gwneud dim, ond galw eto yn gynnar yr wythnos nesaf?
* penderfynu galw drws nesaf i weld Mrs Evans yn y gobaith bod hyn yn ddigwyddiad unwaith yn unig y mae'n bosibl ei ddatrys trwy siarad a thrafod?
* penderfynu adrodd yn ôl i'r ganolfan iechyd a gadael i feddyg Miss Jones benderfynu beth i'w wneud nesaf?
* unrhyw gynllun gweithredu arall y byddai'n well gennych chi ei ddilyn.

Geirfa

dros dro	temporary
awdurdod lleol	local authority
gofal seibiant	respite care
atgyfnerthu	to reinforce
darpariaeth	provision
gwasanaethau cefnogi	support services
rhagolygon	prospects
rheolwyr gofal	care managers
cartrefi ymgeledd	nursing homes

Y sefyllfa

Chi yw Siôn Dafydd, gweithiwr cymdeithasol, ac rydych chi'n derbyn y llythyr isod oddi wrth feddyg teulu Miss Jones.

* * * * * * *

Annwyl Siôn Dafydd,

<u>Ynglŷn â: Miss E. Jones, Awel y Môr, Cwm Sgwt</u>

Dw i'n deall gan fy nyrs gymuned fod cyflwr iechyd Miss Jones, fy nghlaf a'ch cleient chi, wedi dirywio'n sylweddol yn ddiweddar.

Yn ystod ymweliad â'i chartref yn ddiweddar, roedd Miss Jones yn amlwg yn gymysglyd ac yn anhwylus yn dilyn ffrae gyda'i chymydog. Dydy hi ddim wedi bod yn bwyta ac mae cyflwr y tŷ ei hun yn mynd yn berygl i'w hiechyd. Dydy Pat Roberts, y nyrs gymuned, ddim yn credu bod Miss Jones wedi bod yn cymryd ei moddion 'chwaith.

Oherwydd hyn, dw i'n credu mai derbyniad dros dro i lety'r awdurdod lleol ar gyfer gofal seibiant fyddai'n rhoi'r cyfle gorau i ni wneud y sefyllfa hon yn fwy sefydlog. Byddai'n rhoi cyfle i ni ailasesu moddion Miss Jones a'i hatgyfnerthu er mwyn gwella ei hiechyd. Gallai roi cyfle, hefyd, i'ch adran chi drefnu'r tŷ a gwell darpariaeth o wasanaethau cefnogi erbyn i Miss Jones ddychwelyd adre.

Gorau po gyntaf y bydd yn bosibl trefnu hyn o safbwynt rhagolygon tymor hir y claf yma. Dw i'n edrych ymlaen at glywed oddi wrthoch chi yn fuan iawn.

Yr eiddoch yn gywir,

Robert Griffiths (Dr)

Y dasg

Gwaith pâr
Trafodwch gynnwys y llythyr gyda'ch uwchweithiwr cymdeithasol/ arweinydd tîm. Defnyddiwch y cwestiynau ysgogi i'ch helpu i ddod o hyd i'r prif bwyntiau.

Gwaith unigol
Gadewch neges ar beiriant ateb yr uwchweithiwr cymdeithasol/arweinydd tîm yn gofyn am gymorth i ateb y llythyr. Soniwch yn fras am y problemau/materion rydych chi eisiau eu trafod. Defnyddiwch y cwestiynau ysgogi i'ch helpu i ddod o hyd i'r prif bwyntiau.

Cwestiynau ysgogi ac ystyriaethau

1. Fyddech chi'n trafod y llythyr gydag uwchweithiwr cymdeithasol neu arweinydd tîm?
2. Rhestrwch unrhyw fathau eraill o gefnogaeth gymunedol, heblaw am ofal preswyl, a all fod ar gael i Miss Jones – e.e. cymorth cartref, gofal cartref, pryd ar glud, canolfan ddydd.
3. Rhestrwch y gwahanol fathau o dai y gallwch chi eu hystyried ar gyfer person oedrannus sydd angen symud o'i dŷ/thŷ ei hun – e.e. llety dan reolaeth warden, cartrefi lloches, cartrefi preifat, cartrefi ymgeledd.
4. Beth yw'r ystyriaethau y byddai rheolwyr gofal yn gorfod eu cadw mewn cof wrth drefnu gofal yn y gymuned? Sut gallwch chi bwyso a mesur gofynion cyllid yn erbyn anghenion cleient unigol?

Penderfyniad

Penderfynwch ar ffurf derfynol y llythyr y byddwch chi'n ei anfon at Dr Griffiths. Gwnewch restr o'r geiriau y bydd eu hangen arnoch i ysgrifennu'ch ymateb.

Ymarfer Gymwysedig 4

Geirfa cadarnhau   to confirm
            cyndyn   stubborn
            i'r fath raddau   to such an extent
            casgliadau   conclusions

Y sefyllfa

Chi yw Metron Cartref Bryn yr Haul, ac rydych chi'n derbyn y llythyr isod oddi wrth y gweithiwr cymdeithasol Siôn Dafydd.

★ ★ ★ ★ ★ ★ ★

Annwyl Fetron,

Ynglŷn â: Miss E. Jones, Awel y Môr, Cwm Sgwt

Diolch yn fawr am eich ymholiadau ynglŷn â Miss Jones sy'n mynd i fod gyda chi am bythefnos o ddydd Llun cyntaf y mis nesaf. Gallaf gadarnhau'r canlynol:

1. Mae Miss Jones wedi bod yn berson bywiog, sydd wedi arfer â gofalu amdani ei hun. Mae hi'n gallu cerdded ac nid oes angen deiet arbennig arni hi.

2. Mae ei hiechyd wedi dirywio dros y misoedd diwethaf yma. Mae hi'n mynd yn fwyfwy byddar a phan nad yw hi'n cymryd ei moddion, mae hi'n mynd yn gymysglyd. Eisoes, gwelwyd arwyddion cyntaf dementia yn datblygu.

3. Yn y tymor byr, y gobaith yw y bydd y cyfnod o ofal seibiant gyda chi yn ei helpu hi i adennill ei nerth i'r fath raddau fel y gall ddychwelyd i'w thŷ ei hun. Roedd hi'n gyndyn iawn i gael ei pherswadio i fynd ar ei 'gwyliau' y tro yma.

4. Yn y tymor hir, byddwn ni'n anelu at ddarparu'r gwasanaethau cefnogi ychwanegol hynny y bydd eu hangen, mae'n debyg, os bydd Miss Jones yn dal i fyw yn y gymuned. Byddai unrhyw gyngor fydd gennych chi ar sail eich profiadau gyda Miss Jones yn ystod yr wythnosau i ddod yn werthfawr iawn.

Os oes unrhyw wybodaeth bellach y gallaf ei rhoi i chi, da chi, cysylltwch â mi.

Yn gywir,

Siôn Dafydd.

Y dasg

Gwaith pâr
Dylech chi, fel Metron, benderfynu gwahodd Siôn Dafydd i drafod, wyneb-yn-wyneb, ei lythyr a'ch casgliadau chi yn sgil hynny.

Gwaith unigol
Drafftiwch y llythyr y byddwch yn ei anfon at Siôn fel ateb.

Gweithio gyda throseddwyr

~

*Working with those in trouble with
the law*

Rhagarweiniad

Mae gweithio gyda throseddwyr yn golygu rhoi ystyriaeth arbennig i'r dyletswyddau a'r materion hynny sydd ynghlwm wrth y maes o safbwynt iaith. Yn ôl y gyfraith, mae dilysrwydd cyfartal i'r iaith Gymraeg yn ogystal â'r Saesneg mewn achosion llys ac mae gan unrhyw ddiffynyddion yr hawl i gael clywed eu hachosion trwy gyfrwng yr iaith honno. Felly, mae'n ddyletswydd ar y gwasanaethau i ddarparu ar gyfer y gofynion hyn.

Mewn ymarfer broffesiynol mae'r anghydbwysedd o ran grym yn fater sy'n arbennig o ddifrifol yn y maes hwn. Nid yw'n fawr o syndod mai'n anaml iawn y bydd y rhai sy'n defnyddio'r gwasanaeth yn mentro ychwanegu at eu hanfanteision trwy fynnu gwasanaeth yn eu dewis iaith, yn hytrach na phlygu i'r drefn a derbyn y Saesneg. Enghraifft o hyn fyddai swyddog prawf sy'n ysgrifennu adroddiad a'r person sy'n wrthrych yr adroddiad hwnnw yn dod i gysylltiad â'i gilydd.

Bydd rhaid i unrhyw weithiwr sy'n dod i gysylltiad ag unigolyn oherwydd troseddu'r person hwnnw, fod yn sensitif i'r cymysgedd cymhleth o deimladau, megis cywilydd, euogrwydd, gofid ac ofn, sy'n debyg o fod yno. Ar ben hynny, fe all y stigma sy'n dod yn sgil mynd gerbron y llys olygu bod y teimladau hyn yn rhai na sonnir amdanynt wrth siarad â phobl eraill.

Peth digon dyrys ar unrhyw adeg yw delio nid yn unig â theimladau ac amgylchiadau o'r fath, ond gwneud hynny tra'n trosi'r teimladau a'r digwyddiadau hynny i iaith nad yw'r person byth yn ei defnyddio i fynegi'r fath brofiadau personol. Mae hyn yn fwy amlwg byth pan all canlyniadau'r fath drafodaethau ddylanwadu'n fawr ar ryddid y person hwnnw. Y canlyniad gorau dan yr amgylchiadau yw bod y person yn mynegi'r pethau hynny y gall eu mynegi drwy gyfrwng yr iaith y mynnwyd y wybodaeth trwyddi, ond heb fynegi'r pethau hynny y mae angen eu dweud. Y canlyniad gwaethaf yw bod yr holl wybodaeth yn cael ei hepgor yn gyfan gwbl. Hawdd dychmygu, felly, na fyddai fawr o obaith ysgrifennu adroddiad sy'n gwir adlewyrchu amgylchiadau'r unigolyn hwnnw yn ogystal â deall pam y cyflawnwyd y trosedd ac agwedd yr unigolyn at ei ddyfodol.

Nid yw 'cyfartaledd' o ran triniaeth, fel y mae Safonau Cenedlaethol y Swyddfa Gartref yn ei bwysleisio, yn golygu trin pawb yn yr un ffordd. Mae'n golygu cyflawni'r ddyletswydd sydd ar fudiadau a chyrff pwerus a'r sawl sydd â'r fantais o'u cynrychioli, tuag at y rhai sy'n ddi-rym ac yn ddifreintiedig. Yng Nghymru, mae'r iaith Gymraeg yn rhoi dimensiwn gwahanol ac unigryw i'r broses hon, ac mae'r dyletswyddau hyn yn y maes lles cymdeithasol ar eu cryfaf pan fyddant yn ymwneud â chyfiawnder troseddol.

Introduction

Working with people in trouble with the law brings with it particular obligations and issues to do with language. Legally, the Welsh language already has equal validity with English in court proceedings and any defendants have the right to have their cases conducted in that language. Services therefore have a straightforward obligation to provide facilities which meet these demands.

In professional practice, the issues of power imbalance are especially acute in this area of work. It is hardly surprising for example that, in the contact between a report-writing probation officer and the person upon whom that report is to be prepared, the service users only rarely take the risk of adding to their disadvantages by demanding a service in the language they would choose, rather than acquiescing to the assumption that English will be acceptable.

Any worker brought into contact with an individual because of that person's offending will need to be sensitive to the complex mix of feelings, such as shame, guilt, distress and fear, which are likely to be present. Moreover, the stigma which court appearances bring may well mean that these are issues which may not be talked about elsewhere in that person's social contacts.

The prospect of dealing not only with such feelings and circumstances but of doing so while translating these feelings and events into a language through which such personal material is never otherwise expressed, is daunting at any time. It is all the more so when the outcome of such discussions may have a powerful bearing on that person's liberty. At best the person communicates not those things which need to be expressed, but only those things which can be expressed in the language through which the information has to be forced. At worst, the information is simply abandoned. The damage done to the chances of providing a report which is a true reflection of that individual's circumstances, understanding of their offending and attitude towards future prospects may easily be imagined.

Equality of treatment, as the Home Office National Standards make plain, does not mean treating everybody the same. It means making good the obligation which powerful organizations and those who possess the advantage of representing them, have towards the powerless and disadvantaged. In Wales, the presence of its own language adds a different and distinctive dimension to this process and within social welfare practice these obligations are often at their most acute in the area of criminal justice.

Cyflwyno'r Eirfa

Geirfa 1

after-care/through care	[1]gofal wedyn *neu* gofal parhaol
alcohol abuse	[2]camddefnydd o alcohol *(eg)*
assault	ymosod (ar rywun) *(be) neu* ymosodiad (-au) *(eg)*
authority	awdurdod (-au) *(eg)*
bail	[3]mechnïaeth (-au) *(eb)*
bail hostel	hostel fechnïaeth *(eb)* (hosteli mechnïaeth)
chief probation officer	prif swyddog prawf *(eg)* (prif swyddogion prawf)
conform	cydymffurfio (â) *(be)*
court	llys (-oedd) *(eg)*
court report	adroddiad llys *(eg)* (adroddiadau llys)
Criminal Justice Act	Deddf Cyfiawnder am Droseddau
Crown Court	Llys y Goron *(eg)* (Llysoedd y Goron)
day centre	canolfan ddydd *(eb)* (canolfannau dydd)
drug(s)	cyffur (-iau) *(eg)*
drug abuse	[4]camddefnydd o gyffuriau *(eg)*
drunk	meddw *(ans)*
drunkard	meddwyn *(eg)* (meddwon)
drunkenness	meddwdod *(eg)*
fine	dirwy (-on) *(eb)*
guilty	euog *(ans)*
(not guilty)	(di-euog)
integrate	ymdoddi *(be) neu* cyfannu *(be)*
integration	[5]ymdoddiad *(eg)*

[1] *Defnyddir 'gofal wedyn' mewn teitlau, e.e. probation and after-care service – gwasanaeth prawf a gofal wedyn.*

[2] *Y duedd yn Gymraeg yw defnyddio'r ferf yn amlach nag yn Saesneg, e.e. He had suffered years of alcohol abuse – Roedd e wedi bod yn camddefnyddio alcohol ers blynyddoedd (yn hytrach na: Roedd e wedi bod yn dioddef o gamddefnydd o alcohol ers blynyddoedd).*

[3] *on bail – ar fechnïaeth.*

[4] *Gw. nodyn 2 uchod.*

[5] *Tueddir i osgoi defnyddio'r enw yma ar y cyfan yn y Gymraeg a defnyddio'r berfenw yn ei le, e.e. Their integration back into society was complete – Roedden nhw wedi llwyr ymdoddi yn y gymdeithas unwaith eto.*

Ymarfer Geirfa 1a

Dewiswch y gair/geiriau sy'n cyfateb orau i'r bwlch yn y brawddegau canlynol:

1 Prif nod y gweithiwr cymdeithasol oedd sicrhau bod y troseddwyr yn _____ yn y gymdeithas eto.

   a ymuno   *b* ymrwymo   *c* ymddangos   *ch* ymdoddi   *d* ymyrryd

2 Codwyd _____ eithaf sylweddol ar y bachgen am yr hyn a wnaeth pan gafodd ei arestio.

   a pris   *b* swm   *c* dirwy   *ch* dirywiad   *d* dirprwyaeth

3 Pwysleisiwyd ei bod yn bwysig iawn _____ â'r rheolau

   a cynefino   *b* cydymffurfio   *c* ymgymryd
   ch cydymdeimlo   *d* ufuddhau

4 Mae _____ o gyffuriau ac alcohol yn broblem gynyddol y dyddiau yma.

   a camarwain   *b* camymddwyn   *c* camgymeriad
   ch camddefnydd   *d* camddefnyddio

5 Er gwaethaf tystiolaeth gryf yn ei erbyn, cafwyd y dyn yn _____ gan y llys.

   a euog   *b* ddi-euog   *c* eog   *ch* absennol   *d* ddi-os

6 Cafodd llawer o bethau cadarnhaol eu nodi yn adroddiad y prif swyddog _____.

   a profi   *b* profedigaeth   *c* llys   *ch* dirwyo   *d* prawf

7 Ar ôl diwrnod cyntaf y gwrandawiad, penderfynwyd rhoi'r fenyw ar _____.

   a beirianwaith   *b* fechnïaeth   *c* feichiogrwydd
   ch flaenoriaeth   *d* brawf

8 Roedd y _____ yn gorfod pledio'n euog i yrru'n beryglus ar ôl gadael y dafarn.

   a meddw   *b* meddwi   *c* meddwdod   *ch* meddiant   *d* meddwyn

9 Penderfynwyd bod yr achos mor bwysig y byddai'n cael ei gynnal yn Llys y _____.

   a Coron   *b* Barnwr   *c* Coroni   *ch* Goron   *d* Barnwyr

10 Gorffennwyd ysgrifennu'r _____ a'i gyflwyno i'r llys.

   a awdurdod   *b* arddodiad   *c* adroddiad
   ch archwiliad   *d* arddywediad

Ymarfer Geirfa 1b

Llenwch y grid â'r gair/geiriau a ddiffinnir yn y brawddegau canlynol (cofiwch mai UN llythyren yw CH, DD, FF, NG, LL, PH, RH, TH yn Gymraeg):

1 Mae mwy a mwy o'r rhain yn cael eu mewnforio i Ewrop o wledydd de America:

   _ _ _ _ _ _ _

2 Cafodd y mesur hwn ei basio gan y llywodraeth yn ddiweddar a bydd yn effeithio ar bob agwedd o'r system gyfreithiol:

   _ _ _ _ _ _ _ _ _ _ _ _ _ _ _ _ _ _ _ _ _ _

3 Cyflwr sy'n gysylltiedig â siarad yn gymysglyd, cerdded yn gam a bod yn fwy parod i ffraeo gyda phobl eraill:

   _ _ _ _ _ _

4 Dyma lle rydych chi'n mynd i gael eich arolygu yn ddwys yn ystod oriau gwaith arferol ar ôl cyflawni trosedd difrifol:

   _ _ _ _ _ _ _ _ _ _

5 Mae hwn yn digwydd ar ôl cyfnod yn y carchar neu ar brawf, ac mae e yr un mor bwysig o ran helpu troseddwyr:

_ _ _ _ _   _ _ _ _ _

6 Penderfynodd y llys yn yr achos yma, y byddai'n rhaid i'r dyn fynd i'r lle yma cyn i'r achos orffen, yn lle gofyn iddo dalu arian yn unig, rhag ofn iddo ddianc:

_ _ _ _ _ _   _ _ _ _ _ _ _ _

7 Cytuno i wneud pethau yn ôl y rheolau ac ufuddhau iddyn nhw:

_ _ _ _ _ _ _ _ _ _   _

8 Mae hyn yn golygu dod yn ôl i'r gymdeithas a chwarae rhan ddefnyddiol ynddi unwaith eto:

_ _ _ _ _ _ _ _ *neu* _ _ _ _ _ _

9 Disgrifiad o'r hyn a wneir gan berson sy'n llyncu, ysmygu neu chwistrellu gormod o dabledi/baco/cocên a.a.:

_ _ _ _ _ _ _ _   _   _ _ _ _ _ _ _ _

10 Mae'r person yma yn bennaeth ar y gwasanaeth sy'n goruchwylio troseddwyr nad ydynt yn mynd i'r carchar:

_ _ _ _   _ _ _ _ _ _   _ _ _ _ _

Geirfa 2

Justice of the Peace	Ynad Heddwch (Y.H.) *(eg)* (Ynadon Heddwch)
juvenile court	[1]llys ieuenctid *(eg)* (llysoedd ieuenctid)
juvenile offender	troseddwr ifanc *(eg)* (troseddwyr ifainc)
legal advice	[2]cyngor cyfreithiol *(eg)*
legal aid	cymorth cyfreithiol *(eg)*
local prison	carchar lleol *(eg)* (carcharau lleol)
Magistrates' Court	Llys Ynadon *(eg)* (Llysoedd Ynadon)
non-custodial	digadwraeth *(ans) neu* anghadwraethol *(ans)*
offence	trosedd (-au) *(eg)*
offending	troseddol *(ans)*
prison	carchar (-au) *(eg)*
probation service	gwasanaeth prawf *(eg)* (gwasanaethau prawf)
probation officer	swyddog prawf *(eg)* (swyddogion prawf)
probation order	gorchymyn prawf *(eg)* (gorchmynion prawf)
rehabilitation	adferiad *(eg)*
remand centre	canolfan gadw *(eb)* (canolfannau cadw)
sentence	dedfryd (-au) *(eb)*
social skills	medrau/sgiliau cymdeithasol *(ell)*
supervision	[3]arolygiaeth *(eb)*
supervision order	gorchymyn goruchwylio *(eg)* (gorchmynion goruchwylio)
victim	[4]goddefwr *(eg)* (goddefwyr)

---

[1] *Fel arfer, cyfieithir 'juvenile' fel ifanc/ieuenctid yn y Gymraeg, e.e. juvenile offender – troseddwr ifanc, a juvenile delinquent – tramgwyddwr ifanc. Weithiau defnyddir llys plant am 'juvenile court'.*

[2] *Ystyr cyfreithlon yw 'lawful', felly cyngor cyfreithlon fyddai cyngor y mae'n gyfreithlon ei roi i bobl. Cyngor cyfreithiol yw cyngor **am** y gyfraith.*

[3] *'To supervise' yw goruchwylio – gw. supervision order.*

[4] *Mae cyfieithu 'victim' yn gallu achosi problemau yn y Gymraeg, ac weithiau mae'n fwy priodol defnyddio'r berfenw dioddef yn hytrach na'r enw goddefwr, e.e. She was a victim of sexual abuse – Roedd hi wedi dioddef camdriniaeth rywiol. Sylwer hefyd ar y cyfieithiad Cymorth i Ddioddefwyr am 'Victim Support'.*

Ymarfer Geirfa 2a

Dewiswch y gair/geiriau sy'n cyfateb orau i'r bwlch yn y brawddegau canlynol:

1   Ar ôl y lladrad, roedd angen llawer o gymorth a chefnogaeth ar y
    _____.

    a dioddefwr   *b* godinebwr   *c* goddefwr
    ch meddwyn   *d* dioddefaint

2   Aethpwyd â'r troseddwr i'r _____ ar ôl yr achos.

    a ganolfan hamdden   *b* ganolfan ddydd   *c* ganol y dref
    ch ganolfan gadw   *d* ganolfan gynghori

3   Nid oedd yr achos mor bwysig â hynny, felly clywyd ef yn Llys
    _____.

    a Ynadon   *b* y Goron   *c* Prawf   *ch* Agored   *d* y Bobl

4   Gan mai dyma'r ail _____ iddo gyflawni, aethpwyd ag ef i'r
    carchar.

    a drosodd   *b* drosglwyddo   *c* drosiad   *ch* dros dro   *d* drosedd

5   Dim ond pymtheg oed oedd y ferch ar y pryd, felly cafodd ei galw'n
    _____.

    a droseddwr ifanc   *b* droseddwr iau   *c* droseddwr bach
    ch droseddwr o ferch   *d* droseddwr dan oedran.

6   Cafodd y bachgen _____ fel y gellid cadw llygad ar beth
    roedd e'n ei wneud o ddydd i ddydd.

    a orchymyn profi   *b* orchymyn arbrawf   *c* garchar
    ch orchymyn profiad   *d* orchymyn prawf

7   Mae llawer o bwyslais yn cael ei roi ar _____ wrth i droseddwr
    ymdoddi eto yn y gymdeithas.

    a arferion   *b* arferiad   *c* adferiad   *ch* adfer   *d* arfer

8 Doedd dim llawer o arian gan y dyn, felly penderfynwyd rhoi
   _____ iddo yn yr achos llys . . .

   a cymorth ariannol   *b* cymorth cyntaf   *c* cymorth mawr
   ch cymorth cyfreithiol   *d* cymorth cyfreithlon

9 . . . felly roedd y _____ am ddim.

   a cyngor cyfreithlon   *b* cyngor cyfreithiol   *c* cyngor ariannol
   ch cyngor proffesiynol   *d* cyngor bwrdeistref

10 Roedd dedfryd y llys yn llym ond ni chafodd y dyn ei anfon i'r
   carchar. Dedfryd _____ ydoedd.

   a ddigarchar   *b* ddigadw   *c* ddigadwraeth
   ch ddiddim   *d* ddiddorol

Ymarfer Geirfa 2b

*Llenwch y grid â'r gair/geiriau a ddiffinnir yn y brawddegau
canlynol (cofiwch mai UN llythyren yw CH, DD, FF, NG, LL, PH,
RH, TH yn Gymraeg):*

1 Trwy wneud hyn, mae troseddwyr yn cael help i ymdoddi eto yn y
   gymdeithas maen nhw'n byw ynddi:

   _ _ _ _ _ _ _ _

2 I drigolion Abertawe mae carchar Abertawe yn cael ei ystyried fel un
   o'r rhain:

   _ _ _ _ _ _   _ _ _ _

3 Enw arall am y barnwr mewn achos llys:

   _ _ _ _   _ _ _ _ _

4 Gwaith y person yma yw goruchwylio troseddwyr am gyfnod
   penodedig ac mae'n rhaid iddyn nhw fynd i'w weld e/i'w gweld hi
   bob hyn a hyn:

   _ _ _ _ _ _   _ _ _ _ _

5 Os dydych chi ddim yn ennill digon o arian ac yn wynebu achos yn y llys, mae hawl gyda chi wneud cais am hyn:

_ _ _ _ _ _   _ _ _ _ _ _ _ _ _ _

6 Yn y lle hwn mae achosion troseddwyr ifainc yn cael eu cynnal:

_ _ _   _ _ _ _ _ _ _ _ _

7 Yr enw am ddedfryd sy'n golygu does dim rhaid i'r troseddwr fynd i'r carchar:

_ _ _ _ _ _ _ _ _

8 Mewn unrhyw fath o drosedd, fel arfer mae troseddwr a . . . :

_ _ _ _ _ _ _

9 Rhywun o dan bymtheg oed, er enghraifft, sydd newydd dorri'r gyfraith:

_ _ _ _ _ _ _ _   _ _ _ _ _

10 I'r lle yma mae rhai yn mynd dros nos yn ystod gwrandawiad yn y llys:

_ _ _ _ _ _ _ _   _ _ _ _

Ymarferion Cymwysedig

Os ydych chi'n defnyddio'r llyfr hwn ar eich pen eich hunan, dilynwch y cyfarwyddiadau dan **Gwaith unigol**.

Os ydych chi'n defnyddio'r llyfr hwn gyda rhywun arall sy'n siarad Cymraeg neu'n dysgu'r iaith, dilynwch y cyfarwyddiadau dan **Gwaith pâr**.

Os oes angen mwy o gyngor ar sut i weithio trwy'r ymarferion yma, trowch yn ôl i'r bennod 'Sut i ddefnyddio'r llyfr hwn'.

Ymarfer Gymwysedig 1

Geirfa		
	adroddiad cyn-dedfrydu	pre-sentence report
	pledio	to plead
	bwrglera a lladrata	burglery and theft
	collfarnau blaenorol	previous convictions
	gohirio	to adjourn
	lleiafswm	minimum
	oriau cyswllt	contact hours
	ffynonellau	sources
	erlyniad	prosecution
	goruchwyliaeth	supervision
	arwyddocaol	significant
	deunydd	material

Y sefyllfa

Rydych chi'n Swyddog Prawf a gofynnwyd i chi baratoi adroddiadau cyn-dedfrydu ar un o ddau frawd sydd i fod i fynd gerbron y llys ymhen tair wythnos. Mae'r ddau wedi pledio'n euog i gyhuddiadau o fwrglera a lladrata. Digwyddodd y fwrgleraeth mewn canolfan ieuenctid ar y stâd lle mae'r brodyr yn byw.

Mae John yn 19 oed ac yn byw gyda'i gariad yn ei fflat. Mae e wedi mynd o flaen y llys o leiaf pum gwaith o'r blaen ac mae ganddo

gollfarnau blaenorol am droseddau tebyg. Rydyn ni'n gwybod bod ganddo broblem camddefnyddio alcohol. Doedd yr ynadon ddim yn fodlon caniatáu i John fynd adref ar fechnïaeth pan oedd adroddiad y llys yn cael ei baratoi. Wedi trafodaeth hir, cytunon nhw iddo gael ei roi mewn hostel fechnïaeth ond fe gafodd e ei rybuddio fod perygl o hyd y bydd e'n derbyn dedfryd o garchar pan ddaw yn ôl i'r Llys Ynadon ymhen tair wythnos.

Mae'r adroddiad ar frawd John, Iwan, sy'n 15 oed ac yn byw gartref gyda'i rieni, yn cael ei baratoi gan gyd-weithiwr yn yr Adran Gwasanaethau Cymdeithasol. Caiff e ei ddedfrydu yn y llys ieuenctid. Ar hyn o bryd, does dim rhagor o wybodaeth gyda chi amdano fe. Dri diwrnod ar ôl i'r achos gael ei ohirio rydych chi'n penderfynu dechrau eich ymholiadau trwy ffonio'r hostel.

Y dasg

Gwaith pâr
Defnyddiwch yr amlinelliad uchod a'r cwestiynau ysgogi, ystyriaethau a phenderfyniadau isod i gynnal y sgwrs ffôn gyda'ch gilydd. Dylech chi chwarae rhan y swyddog prawf, yn y lle cyntaf o leiaf.

Gwaith unigol
Meddyliwch am y materion hynny a all godi mewn galwad ffôn o'r fath. Defnyddiwch y cwestiynau ysgogi isod i nodi'r geiriau Cymraeg y byddai eu hangen arnoch mewn unrhyw drafodaeth gyda'r hostel. Defnyddiwch yr ystyriaethau a'r penderfyniadau i feddwl am y gwahanol ddulliau o weithredu a all ddilyn galwad ffôn fel hyn.

Cwestiynau ysgogi

1. Gyrhaeddodd John yr hostel ar ôl y gwrandawiad yn y llys?
2. Ydy e wedi ymgartrefu yno? Oes unrhyw broblemau ymarferol y mae angen eu datrys?
3. Ydy John yn treulio llawer o amser yn yr hostel neu ydy e'n aros gyda'i gariad yn ystod y dydd a dim ond yn cysgu yn ei gyfeiriad mechnïaeth?
4. Oes barn gan staff yr hostel am y lle gorau i gyfweld â John? Yn yr hostel? Yn y swyddfa brawf neu gartref?

Ystyriaethau

1. Yn ddelfrydol, faint o weithiau hoffech chi weld John er mwyn paratoi adroddiad? Oes unrhyw anawsterau a all gyfyngu ar y cyfle sy gennych chi i'w weld e? Faint yw'r lleiafswm o ran oriau cyswllt fyddai'n eich galluogi i baratoi adroddiad derbyniol?
2. Oes unrhyw ffynonellau gwybodaeth eraill y byddai angen i chi fynd ar eu holau ar gyfer eich ymholiadau? Papurau'r erlyniad? Nodiadau am oruchwyliaeth yn y gorffennol? Nodiadau ysgrifenedig staff yr hostel? Pa rai, os o gwbl, hoffech chi fod wedi eu darllen cyn cwrdd â John am eich cyfweliad cyntaf?
3. Oes yna bobl eraill y byddech am siarad â nhw wrth baratoi eich adroddiad? Meddyliwch am y rhesymau o blaid ac yn erbyn cysylltu â'r canlynol: cariad John; ei gyfreithiwr; staff y ganolfan ieuenctid lle digwyddodd y fwrgleraeth; staff yn yr hostel fechnïaeth. Oes unrhyw gysylltiadau arwyddocaol y dylid mynd ar eu holau nhw?
4. Ble byddwch chi'n cysylltu â John gyntaf? Efallai bydd yn fwy cyfleus i gyfweld â fe yn y swyddfa brawf. Efallai y dysgwch chi fwy amdano fe trwy ei weld e gartref. Byddai ymweld â'r hostel fechnïaeth yn rhoi cyfle i chi gynnal mwy o ymholiadau ar un tro.

Penderfyniadau

Ar ddiwedd eich galwad ffôn, penderfynwch ynglŷn â'r canlynol:

- Ble byddwch chi'n cyfweld â John a phryd? Gwnewch nodyn o'r geiriau bydd eu hangen arnoch chi (e.e. swyddfa brawf) er mwyn i chi gyfleu eich penderfyniad.
- Pa ddeunydd byddwch chi'n ceisio ei ddarllen i baratoi eich hunan cyn cwrdd â John? Rhestrwch y gwahanol eiriau (e.e. nodiadau achos) y byddai eu hangen arnoch ar gyfer eich rhestr.
- Pa bobl eraill byddech chi am gysylltu â nhw yn ystod y cyfnod cynnar hwn? Rhestrwch y gwahanol swyddi (e.e. cyfreithiwr) fyddai ynghlwm wrth hynny.

Ymarfer Gymwysedig 2

Geirfa	gweithiwr allweddol	key worker
	cydgysylltu	to liaise/liaison
	budd-daliadau tai	housing benefits

goblygiadau	implications
cyfryngwr	broker/go-between
cyfreithiwr	solicitor
gelyniaethus	hostile
cydymffurfio	to conform

Y sefyllfa

Rydych chi'n warden cynorthwyol yn yr hostel fechnïaeth a chi yw gweithiwr allweddol John yn ystod ei gyfnod yno. Pan ddewch chi ar ddyletswydd y bore yma (dydd Mercher), rydych chi'n dod o hyd i nodyn wedi'i ysgrifennu ddoe yn y llyfr nodiadau sy'n dweud:

Ffoniodd swyddog prawf John y bore 'ma. Hoffai hi gyfweld â fe yn y swyddfa brawf peth cyntaf fore dydd Iau. Pan roies i'r neges yma i John, aeth e'n wyllt a dweud ei fod e eisoes wedi trefnu treulio'r prynhawn gyda'i gariad. Doedd e ddim yn fodlon trafod pethau gyda fi o gwbl ac roedd e'n amlwg yn anfodlon iawn. Yn y diwedd, perswadiais i fe i'ch gweld chi 'fory (dydd Mercher). Dim ond am 9.30 mae'n gallu dod achos bod rhaid iddo arwyddo am y dôl ac mae'n dweud na fydd e 'nôl yn yr hostel cyn heno.

Rydych chi'n darllen y neges yma am 9.10. Am 9.45, rydych chi i fod i fynd i'r swyddfa budd-daliadau tai leol ar gyfer cyfarfod cydgysylltu pwysig a ddylai ddatrys y problemau ariannol tymor hir sydd gan yr hostel. Dydy warden yr hostel, sy'n uwchswyddog prawf, ddim wedi cyrraedd y gwaith eto. Rydych chi'n penderfynu gofyn cyngor cyd-weithiwr i'ch helpu i benderfynu beth i'w wneud.

Y dasg

Gwaith pâr
Defnyddiwch yr amlinelliad uchod i lunio'r sgwrs sy'n dilyn. Defnyddiwch y cwestiynau ysgogi, ystyriaethau a phenderfyniadau sy'n dilyn i'ch helpu.

Gwaith unigol
Meddyliwch am y materion hynny a all godi mewn cyfarfod o'r fath.

Defnyddiwch y cwestiynau ysgogi isod i nodi'r geiriau Cymraeg y byddai eu hangen arnoch. Dylech chi ymarfer *yn uchel* y pwyntiau rydych chi'n arbennig o awyddus eu gwneud.

Cwestiynau ysgogi

1. Ddylech chi weld John am 9.30 neu geisio trefnu amser gwahanol pan fyddwch chi wedi cael amser i feddwl am yr hyn rydych chi am ei ddweud wrtho fe?
2. Pan siaradwch chi â fe, nawr neu nes ymlaen, pa neges rowch chi iddo fe?
3. Beth fydd goblygiadau colli'r cyfarfod budd-daliadau tai?

Ystyriaethau

1. Beth sy'n ofynnol i chi wneud o dan yr amgylchiadau hyn? Ydy hi'n ddigon i roi amser cyfarfod newydd i John a gadael iddo fe drafod hynny gyda'r swyddog prawf os nad yw'n fodlon? Neu ddylech chi geisio chwarae rhan fwy gweithredol a thrafod y mater gyda fe ac, os oes rhaid, gweithredu fel cyfryngwr a gweld a oes modd trefnu apwyntiad arall?
2. Beth yw'r goblygiadau i John os na ddaw e i'r cyfarfod yn y swyddfa brawf? Ydy e'n deall pwysigrwydd yr adroddiad i'r llys? Ydy e'n gwybod y gallai fe fynd yn ôl i'r carchar? Fyddai'n ddoeth trefnu iddo weld ei gyfreithiwr er mwyn iddo gael cyngor cyfreithiol am ei sefyllfa?
3. Beth yw'r goblygiadau i'r hostel os bydd agweddau gelyniaethus John yn mynd yn waeth yn hytrach na gwella? Os na all e ymdoddi i fywyd yr hostel neu o leiaf cydymffurfio â'r rheolau, fydd e mewn perygl o gael ei ddanfon yn ôl i'r llys a chael ei roi yn y ganolfan gadw leol? Ddylai'r ystyriaethau hyn fod yn rhan o'r ffordd rydych chi'n meddwl am ymateb iddo fe?
4. Pa mor bwysig yw'r cyfarfod budd-daliadau tai? Mae'r problemau yn rhai tymor hir a does neb wedi eu hystyried nhw o ddifrif hyd yn hyn. Fydd ddim un prif swyddog yno. Eto i gyd, mae llawer o amser wedi'i dreulio ar drefnu'r cyfarfod ac os yw'n llwyddo, fe all fod yn ddefnyddiol ichi wrth i chi ddatblygu'ch gyrfa eich hunan.

Penderfyniadau

1. Penderfynwch sut y byddwch yn ceisio gweld John (os o gwbl).

2. Os byddwch yn ei weld e, penderfynwch beth fydd pwrpas eich cyfarfod â fe. Dylech chi:

naill ai geisio cynnal y sgwrs gyda John fyddai'n dilyn eich ymateb i'r cwestiynau ysgogi 1 a 2 uchod,

neu wneud nodyn o'r prif bwyntiau yr hoffech eu gwneud mewn sgwrs felly, gan sicrhau eich bod yn cynnwys unrhyw eiriau arbennig y byddai eu hangen arnoch.

3. Penderfynwch beth rydych chi'n mynd i'w wneud am y cyfarfod budd-daliadau tai. Dylech chi:

naill ai ffonio'r swyddfa budd-daliadau tai a gadael neges ar eu peiriant ateb i ddweud wrthyn nhw beth fyddwch chi'n ei wneud,

neu ysgrifennu nodyn at ysgrifennydd yr hostel yn gofyn iddo ffonio ar eich rhan.

4. Penderfynwch â phwy y dylech chi gysylltu am yr hyn rydych chi am ei wneud. Nodwch eu swyddi.

Ymarfer Gymwysedig 3

Geirfa

warden cynorthwyol	assistant warden
darbwyllo	to persuade
rhyddhad amodol	conditional discharge
byr ei amynedd	short-tempered
cymwynasgar	helpful
Erlynydd y Goron	Crown Prosecutor
amgylchiad(au)	circumstance(s)

Y sefyllfa

Rydych chi'n cyrraedd eich swyddfa y bore 'ma (dydd Iau) mewn pryd i weld John. Dydy e ddim yn dod i'r cyfweliad. Rydych chi'n gallu defnyddio'r amser, yn lle hynny, i ddarllen tri memo gwahanol a adawyd i chi.

★ ★ ★ ★ ★ ★ ★ ★

Memo Un

Oddi wrth: Yr Uwchswyddog Prawf
At: Holl aelodau'r tîm

Mae'r Prif Swyddog Prawf wedi gofyn i mi atgoffa pob aelod o'r staff am bolisi'r adran i geisio am ddedfryd ddigadwraeth ymhob achos addas. Mae nifer y gorchmynion prawf a wneir gan y llysoedd wedi disgyn yn ddiweddar. Mae angen i ni gynnig arolygiaeth i gymaint o droseddwyr ag sy'n bosibl y byddai Llys Ynadon – yn arbennig – yn ystyried eu danfon i'r carchar fel arall. Wnewch chi roi gwybod i mi os ydych chi'n cael unrhyw anawsterau gydag unrhyw adroddiadau gan fod y pennaeth wedi gofyn i mi gael gwybod yn bersonol am sut mae unigolion yn perfformio?

★ ★ ★ ★ ★

Memo Dau

Oddi wrth: Warden Cynorthwyol yr Hostel
At: Y Swyddog Prawf
Testun: John Edwards

Nodyn bach i ddweud fy mod i wedi cael gair bach gyda John ddoe. Rhoies i lifft iddo fe i'r swyddfa dôl ar fy ffordd i gyfarfod yn y swyddfa fudd-daliadau tai. Mae'n ymddangos i mi ei fod yn ddyn crac iawn sydd â meddwl isel am ei gysylltiadau â'i weithwyr cymdeithasol yn y gorffennol. Mae e'n dweud ei fod e mewn trafferth eto ar ôl ffraeo gyda'i gariad, meddwi a thorri ffenestr yn y ganolfan ieuenctid (ar ôl dilyn awgrym ei frawd).

Bellach, mae e'n dweud bod popeth yn iawn eto gyda'i gariad. Mae hi'n dost ac mae rhaid iddo dreulio pob diwrnod gyda hi, yn edrych ar ei hôl hi a'r babi. Ar ben hynny, mae e'n dweud ei bod hi'n fwy pwysig na ni wrth sicrhau nad yw e'n troseddu eto.

Gwnes i fy ngorau glas i'w ddarbwyllo fe i ddod i'ch gweld chi 'fory ond heb lwyddo. Gofynnodd e i mi ofyn i chi alw heibio i'w weld e gartref.

★ ★ ★ ★ ★

Memo Tri

Oddi wrth: Myra Williams, Adran Gwasanaethau Cymdeithasol
At: Y Swyddog Prawf

Shwmae! Maen nhw wedi fy ngorfodi i ysgrifennu adroddiad ar Iwan
Edwards i'r llys ieuenctid. Mae popeth yn edrych yn ddigon syml –
mae'n droseddwr am y tro cyntaf, wedi'i bryfocio gan ei frawd hŷn
a.a. – felly, bydda i'n awgrymu rhyddhad amodol neu ddirwy fach.
    Ffoniais i'r ganolfan ieuenctid yn gynharach heddiw dim ond i
weld a oedden nhw'n nabod Iwan. Roedd Ron Rees yn eitha byr ei
amynedd gyda fi. Dywedodd e fod e erioed wedi cael amser mor wael
gyda throseddau a fandaliaeth yn ei ugain mlynedd fel arweinydd
ieuenctid. Dywedodd e fod dy fachgen di, John, yn siom o'r mwyaf.
Mae'n debyg fod John wedi treulio llawer o amser yn y ganolfan ac
wedi bod yn gymwynasgar iawn yn y gorffennol. Hwyrach mae Ron
Rees yn teimlo'n siomedig iawn ac roedd e'n bygwth cysylltu ag
Erlynydd y Goron i ddatgan ei deimladau wrtho fe. Dwedais i fy mod
i'n meddwl y dylai fe siarad â ti yn gynta' ond efallai dy fod ti'n
meddwl bod hi'n werth chweil i ti ei ffonio fe, beth bynnag.

O.N. Beth wyt ti'n wneud nos Wener?

Y dasg
(A)
Meddyliwch am y ffyrdd y gallech chi ateb y memos hyn. Defnyddiwch y
cwestiynau ysgogi isod i ddechrau rhestru unrhyw eiriau a all fod o help i
chi wrth lunio eich ateb.

Cwestiynau ysgogi ac ystyriaethau

1. Ddylech chi, ar yr adeg yma, sôn am yr adroddiad hwn fel problem
   bosibl wrth yr uwchswyddog prawf?
2. Sut byddwch chi'n ceisio cysylltu â John? Fyddwch chi'n mynnu ei
   weld e yn eich swyddfa neu'n mynd i'w weld e gartref?
3. Fyddwch chi'n mynd ar ôl y syniad o gysylltu â'r gweithiwr ieuenctid
   yn y ganolfan lle digwyddodd troseddau John? Os felly, beth yw'r
   pwrpas galw yno?

(B)

Gwaith pâr

Dylech chi ddefnyddio *Gwaith pâr* ymhob un o'r ymarferion isod (dan **Penderfyniadau**) er mwyn i chi gael cyfle i ymarfer y gwahanol sgyrsiau. Cewch amrywio'r rhannau rydych chi'n eu chwarae. Mae modd i chi ddefnyddio ymarferion *Gwaith unigol* hefyd, wrth gwrs, os ydych chi am ymarfer ymhellach.

Gwaith unigol

Dylech chi ddefnyddio *Gwaith unigol* ymhob un o'r ymarferion isod (dan **Penderfyniadau**). Mae modd, wrth gwrs, i chi roi cynnig ar ddarllen eich rhan chi o'r sgyrsiau a awgrymir yn *Gwaith pâr* yn uchel, ac, yn sicr, fe ddylech chi ddefnyddio'r syniad o adael negeseuon ar beiriant ateb fel ffordd o ymarfer eich iaith lafar.

Penderfyniadau

1. Rydych chi'n penderfynu rhoi gwybod i'ch uwchswyddog, mewn ffordd ddiffwdan, am y problemau a gafwyd wrth ddechrau'r adroddiad yma:

   Gwaith pâr: rhowch gynnig ar y sgwrs sy'n dilyn eich penderfyniad uchod.

   Gwaith unigol: ysgrifennwch femo byr at yr uwchswyddog prawf i ateb yr un rydych chi eisoes wedi'i dderbyn ganddo/ganddi, gan ystyried hefyd y pwyntiau sy'n codi yn y ddau arall.

2. Fe benderfynwch chi ffonio John yn yr hostel cyn 9.30 yn y bore fel y gallwch chi wneud trefniadau gyda fe yn uniongyrchol:

   Gwaith pâr: ffoniwch ac yna (gan ddibynnu ar beth fyddwch chi'n ei glywed) gwnewch eich penderfyniad terfynol am y trefniadau cyfweld.

   Gwaith unigol: gwnewch nodyn o'r gwahanol bosibiliadau gan sicrhau eich bod yn cynnwys unrhyw eiriau arbennig y byddai eu hangen arnoch am yr alwad ffôn.

3. Fe benderfynwch chi alw heibio i'r ganolfan ieuenctid a siarad â Ron Rees:

   Gwaith pâr: ffoniwch y ganolfan ieuenctid i siarad â Ron Rees gan ddweud eich bod yn bwriadu galw a pham.

Gwaith unigol: ysgrifennwch nodyn at Ron yn esbonio'ch perthynas â John ac yn gwneud trefniadau i alw heibio i'r ganolfan, **neu** gadewch neges ar ei beiriant ateb gan ddweud eich bod yn bwriadu galw a pham.

Ymarfer Gymwysedig 4

Y sefyllfa

Fel canlyniad i'ch sgwrs ar y ffôn gyda John yn hostel y gwasanaeth prawf, rydych chi wedi penderfynu galw i'w weld e yn fflat ei gariad yr un prynhawn ag y trefnoch chi weld Ron Rees.

Y dasg

Gwaith pâr
Cofiwch amrywio'r rhannau rydych chi'n eu chwarae yn yr ymarferion isod. Mae modd i chi ddefnyddio ymarferion *Gwaith unigol* hefyd, wrth gwrs, os ydych chi am ymarfer ymhellach.

(1) Eich cyfarfod â John:
Dylech gynnal eich cyfweliad â John. Cofiwch mai dyma'r cyfarfod cyntaf, felly ddylech chi ddim disgwyl medru sôn am bopeth yno. Paratowch restr o'r prif faterion yr hoffech chi ymdrin â nhw, yn eich pen neu ar bapur – e.e. pwrpas eich adroddiad, amgylchiadau trosedd John, ei amgylchiadau personol, unrhyw gwestiynau ynglŷn â'r ddedfryd yr hoffech chi sôn amdanyn nhw.

(2) Eich cyfarfod â Ron:
Dylech gynnal eich sgwrs gyda Ron. Meddyliwch am y pwyntiau hynny yr hoffech chi eu cynnwys, a gweld a oes modd creu rhywbeth adeiladol o gysylltiadau John â'r ganolfan ieuenctid yn y gorffennol.

(3) Os ydych chi'n teimlo yn barod amdano – beth am roi cynnig ar ddrafftio'r prif bwyntiau rydych chi wedi'u casglu mewn adroddiad?

Gwaith unigol
Cofiwch fod modd i chi roi cynnig ar ddefnyddio'r nodiadau ysgrifenedig rydych chi'n eu gwneud, i lunio brawddegau ar lafar fel y gallwch chi ymarfer eich sgiliau llafar.

(1) Eich cyfarfod â John:
Paratowch ar gyfer eich cyfweliad â John trwy wneud nodyn o'r prif bwyntiau y byddwch chi am eu codi gyda fe. Bydd angen i chi esbonio pwy ydych chi, ble rydych chi'n gweithio, pam mae adroddiad yn cael ei baratoi, beth fydd ei gynnwys a sut byddwch chi'n mynd ati i'w ysgrifennu. Ar ben hynny, bydd angen i chi feddwl am y wybodaeth y byddech chi am ei chasglu yn ystod y cyfweliad, e.e. amgylchiadau trosedd John ar hyn o bryd, hanes unrhyw drafferthion a gafwyd yn y gorffennol, ei amgylchiadau personol ac unrhyw oleuni y mae'r rhain yn ei daflu ar ei ymddygiad, unrhyw bosibiliadau ynglŷn â'r ddedfryd – gorchymyn prawf, gwasanaeth cymunedol neu ddewis digarchar arall – yr hoffech chi sôn amdanyn nhw.

(2) Eich cyfarfod â Ron:
Ysgrifennwch nodyn cryno o'ch sgwrs gyda Ron, gan gofnodi eich argraffiadau ac unrhyw beth a all fod o ddefnydd i chi yn eich adroddiad. Oedd e'n grac neu'n siomedig? Beth oedd manylion perthynas John â'r ganolfan? Oedd y fwrgleraeth yn cydymffurfio â'r syniadau hynny oedd gan Ron am John pan fuon nhw mewn cysylltiad yn y gorffennol? Oes unrhyw beth – o safbwynt y goddefwr – a allai ddod allan gerbron y llys ac a allai fod o ddefnydd?

(3) Os ydych chi'n teimlo yn barod amdano – beth am roi cynnig ar ddrafftio'r prif bwyntiau rydych chi wedi'u casglu mewn adroddiad?

Gweithio gyda phlant a theuluoedd

~

Working with children and families

Rhagarweiniad

O gylchoedd chwarae a darparu meithrinfeydd i weithio gyda phobl ifainc mewn clybiau a mudiadau gwirfoddol, ni fu'r angen am weithio'n adeiladol gyda phobl ifainc a'u teuluoedd erioed yn fwy. Mae materion ieithyddol yn ganolog wrth sôn am ddarpariaeth gymwys yn y maes hwn, am resymau polisi ac ymarfer dda. Mae'r goblygiadau yn hawdd eu canfod. Detholiad byr yn unig yw'r enghreifftiau sy'n dilyn:

- efallai na fydd modd dewis iaith wrth weithio gyda phlant ifainc iawn nad ydynt ond yn gyfarwydd ag iaith y cartref. Bydd unrhyw gyfathrebu uniongyrchol â'r plant hyn yn cael ei lesteirio'n ddifrifol oni all y gweithiwr cymdeithasol ddefnyddio'r iaith honno;

- mae gweithio gyda theuluoedd sy'n ymdrechu i ofalu'n foddhaol am eu plant ymhlith y meysydd mwyaf sensitif wrth ymarfer gwaith cymdeithasol. Mae asesu ac ymyrryd yn y fath amgylchiadau yn gofyn am lefelau uchel o fedrusrwydd, tact a dyfalbarhad. Mae'r tebygolrwydd o lwyddo yn hynny o beth trwy gyfrwng iaith sy'n wahanol i'r hyn a arferir gan aelodau'r teulu, yn lleihau'n sylweddol. Ni ellir amddiffyn cymryd penderfyniadau a all gael cymaint o effaith ar ddeulu heb roi ystyriaeth gyflawn i bwysigrwydd iaith;

- daw plant sy'n derbyn eu haddysg trwy gyfrwng y Gymraeg o gartrefi Saesneg eu hiaith mewn llawer rhan o Gymru. Fe all y plant hyn ddewis cynnal unrhyw drafodaethau gyda chyrff 'swyddogol' trwy gyfrwng iaith yr ysgol. Fe ddichon eu bod am drosglwyddo gwybodaeth a theimladau am eu sefyllfa gartref yn arbennig, drwy gyfrwng yr iaith honno. Byddai defnyddio iaith wahanol i'r Gymraeg dan y fath amgylchiadau yn golygu gwrthod dewis pwysig ac arwyddocaol iawn i'r person ifanc hwnnw.

Mae rhesymau polisi dros ddarparu gwasanaeth teulu cwbl ddwyieithog yr un mor hawdd eu canfod. Yn ogystal â gofynion Deddf yr Iaith Gymraeg, mae'r fframwaith cyfreithiol ar gyfer gweithio gyda phlant a theuluoedd – Deddf Plant 1989 – yn gofyn yn benodol am ddarparu gwasanaethau sy'n cymryd anghenion ieithyddol plentyn i ystyriaeth. Mae llunwyr polisi hefyd yn gorfod ymateb i'r newidiadau mewn patrymau o ran defnyddio'r iaith Gymraeg. Cafwyd bod y cynnydd yn yr iaith a welwyd yng nghyfrifiad 1991 yn fwy yn yr ystod oedran rhwng tair a phymtheg. Erbyn hyn mae nifer o rannau o Gymru lle mae bron pob person ifanc o'r grŵp oedran hwn yn gallu siarad Cymraeg. Bydd yn rhaid i'r gwasanaethau a ddarperir adlewyrchu'r patrwm hwn.

Introduction

From play-groups and nursery provision to youth work in clubs and voluntary organizations, the need for constructive work with young people and their families has never been greater. Issues of language are at the centre of proper provision in this area, for reasons both of policy and good practice. The practice issues are quickly identifiable. The following are only a brief selection:

- there may be no choice of language when working with very young children who are familiar only with the language of the home. Direct communication with such children will be fundamentally altered if the social worker has no access to that language;

- work with families who struggle to care satisfactorily for their children is amongst the most sensitive of all areas in social work practice. Assessment and intervention in such circumstances both demand high degrees of skill, tact and determination. The prospects of doing so satisfactorily in a different language from that which a household normally uses are enormously diminished. It is straightforwardly unsupportable for decisions which can have such a major impact upon a family to be made without full regard for the importance of language;

- children who receive their education through the medium of Welsh come, in many parts of Wales, from English-speaking families. Such children may well choose to conduct their dealings with 'official' bodies through the language of the school. They may, in particular, wish to communicate information and feelings about their domestic situations in this way. To use a language other than Welsh in such circumstances would represent a denial of a very important and significant choice on the part of that young person.

Policy reasons for the provision of a fully bilingual family service are equally easy to identify. As well as the requirements of the Welsh Language Act, the legal framework for work with children and families – the 1989 Children Act – sets out a specific requirement to provide services in a way which takes into account the linguistic needs of the child. Policy makers also have to respond to the changing pattern of Welsh-language usage. The growth in the language revealed by the 1991 census was heavily concentrated in the age range between three and fifteen. There are now parts of Wales where almost all young people of this age are able to speak Welsh. Service provision will have to reflect this pattern.

Cyflwyno'r Eirfa

Geirfa 1

adopt	mabwysiadu *(be)*
adopted child	plentyn mabwysiedig *(eg)* (plant mabwysiedig)
adoption	[1]mabwysiad (-au) *(eg)*
beyond control	y tu hwnt i reolaeth
care and control	gofal a rheolaeth
care order	gorchymyn gofal *(eg)* (gorchmynion gofal)
care plan	cynllun gofal *(eg)* (cynlluniau gofal)
case conference	cynhadledd achos *(eb)* (cynadleddau achos)
child-abuse register	[2]cofrestr plant a gamdriniwyd (cofrestrau plant a gamdriniwyd)
child at risk	plentyn mewn perygl (plant mewn perygl)
child benefit	budd-dal plant *(eg)* (budd-daliadau plant)
child care	gofal am blant
child minder	gwarchodwr plant *(eg)* (gwarchodwyr plant)
child-protection team	tîm amddiffyn plant (timau amddiffyn plant)
child sexual abuse	camdrin plant yn rhywiol
Children Act	Deddf Plant *(eb)*
Children and Young Persons Act	Deddf Plant a Phobl Ifainc
community home	cartref cymuned *(eg)* (cartrefi cymuned)
compulsory school age	oed ysgol gorfodol
day nursery	meithrinfa ddydd *(eb)* (meithrinfeydd dydd)
dependent child	plentyn dibynnol *(eg)* (plant dibynnol)
duty of care	dyletswydd gofal *(eb)*
extended family	teulu estynedig *(eg)* (teuluoedd estynedig)
family credit	credyd teulu *(eg)*
foster-care	gofal maeth *(eg)*
foster-child	plentyn maeth *(eg)* (plant maeth)
foster-home	cartref maeth *(eg)* (cartrefi maeth)
foster-parent	rhiant maeth *(eg)* (rhieni maeth)

[1] *Yn aml iawn, byddai defnyddio'r berfenw mabwysiadu yn fwy naturiol yn Gymraeg, e.e. the Adoption Act – y Ddeddf Fabwysiadu, adoption agency – asiantaeth fabwysiadu.*
[2] *D.S. camdrin = to abuse   camddefnyddio = to misuse*

guardian ad litem	gwarcheidwad ad litem *(eg)* (gwarcheidwaid ad litem)
in care	mewn gofal
in need of care and protection	[3]angen gofal a nawdd arno/arni
incest	llosgach *(eg)*

[3] *Mae angen personoli hyn yn y Gymraeg, e.e. She is in need of care and protection –*
Mae angen gofal a nawdd arni hi.

Ymarfer Geirfa 1a

Dewiswch y gair/geiriau sy'n cyfateb orau i'r bwlch yn y brawddegau canlynol:

1 Oherwydd problemau mawr yn ei gartref, penderfynwyd nad oedd dim dewis ond anfon y plentyn i _____ am gyfnod.

   a dŷ maeth   *b* gartref moethus   *c* gartref maeth
   ch gartref maith   *d* deulu estynedig

2 Roedd corff y ferch yn llawn cleisiau ac roedd ei braich wedi cael ei thorri, felly cafodd hi ei rhoi ar y gofrestr _____.

   a plant a gamarweiniwyd   *b* plant a gamdriniwyd
   c plant a gamddeallwyd   *ch* plant a gamgymerwyd
   d plant a gamddefnyddiwyd

3 Dangosodd ymddygiad y plentyn ei fod y tu hwnt i _____.

   a reolau   *b* reolwyr   *c* reolaeth   *ch* gyrraedd   *d* reswm

4 Plentyn _____ oedd Llinos ac roedd hi wedi bod yn byw gyda'i rhieni newydd ers iddi fod yn dair blwydd oed.

   a mabwysiadu   *b* addas   *c* mabwysiad   *ch* perygl   *d* mabwysiedig

5 Achos roedd y rhieni yn dal i anghytuno am ofal eu plant ar ôl yr ysgariad, penododd y llys _____ ad litem.

   a warchodwr   *b* warchodlu   *c* waredwr
   ch warcheidwad   *d* warantydd

6 Ers iddi ddod yn aelod o'r tîm _____ plant, roedd hi wedi gweld llawer o achosion o blant a gamdriniwyd yn ddifrifol.

   a amddiffyn   *b* diogelu   *c* gwarchod   *ch* gofal   *d* mabwysiadu

7 Cafodd _____ ei chynnal i drafod beth ddylid ei wneud nesaf ynglŷn â'r plentyn arbennig hwn.

   a gorchymyn gofal   *b* cynhadledd flynyddol   *c* cynhadledd i'r wasg
   ch cynhadledd bwysig   *d* cynhadledd achos

8 Rhoddwyd gorchymyn _____ ar y plentyn i sicrhau y câi'r sylw a'r help oedd eu hangen arno.

   a llys   *b* gofal   *c* prawf   *ch* diogelu   *d* cynnal

9 "Dim ond un plentyn _____ sydd gennym ni 'nawr – mae'r ddau arall wedi mynd i ffwrdd i weithio", dywedodd y fam hapus!

   a dibynnol   *b* dibynadwy   *c* amddifad
   ch mewn perygl   *d* mewn gofal

10 Doedd dim llawer o arian yn dod i mewn i'r tŷ o gwbl, felly roedd hawl ganddynt dderbyn _____.

   a credyd gofal   *b* budd-dal teulu   *c* credyd teulu
   ch credyd budd-dal   *d* credyd teuluol

Ymarfer Geirfa 1b

Llenwch y grid â'r gair/geiriau a ddiffinnir yn y brawddegau canlynol (cofiwch mai UN llythyren yw CH, DD, FF, NG, LL, PH, RH, TH yn Gymraeg):

1 Nid y fam a'r tad yn unig sydd yn hwn, ond mam-gu (nain), tad-cu (taid), ewythredd a modrybedd, a'u plant ac ati:

   _ _ _ _ _   _ _ _ _ _ _ _ _ _

2 Mae plant yn cael eu hanfon i'r lle yma yn ystod oriau gwaith er mwyn iddyn nhw gael gofal iawn a rhoi saib i'w rhieni:

   _ _ _ _ _ _ _ _   _ _ _

3 Pan fydd aelod o'r un teulu yn cysgu gydag aelod arall ohono:

— — — — — —

4 Enw'r mesur cyfreithiol sy'n amddiffyn hawliau pobl ifainc:

— — — —   — — — — —

5 Mam neu dad sydd yn edrych ar ôl plentyn rhywun arall am gyfnod penodedig:

— — — — —   — — — —

6 Yr hyn a wneir pan dderbynnir plentyn rhywun arall i'ch teulu fel un o'ch plant eich hunan, am byth:

— — — — — — — — —

7 Swm o arian y mae'r llywodraeth yn ei dalu i unrhyw un sydd â phlentyn – mae'r arian yn cael ei dalu gyda llyfr yn y Swyddfa Bost fel arfer:

— — — ⁻ — — —   — — — — —

8 Pan fydd plant yn cyrraedd yr oedran yma, mae'n rhaid iddynt ddechrau derbyn eu haddysg ffurfiol:

— — —   — — — — —   — — — — — — — —

9 Rhywun sy'n edrych ar ôl plant pobl eraill, fel arfer pan fyddan nhw'n gweithio yn ystod y dydd:

— — — — — — — —   — — — — —

10 Llunnir hwn er mwyn sicrhau yr edrychir ar ôl plentyn yn y ffordd orau bosibl:

— — — — — —   — — — — —

Geirfa 2

mental age	oedran meddyliol *(eg)*
mental development	datblygiad meddyliol *(eg)*
moral danger	perygl moesol *(eg)* (peryglon moesol)
multiple deprivation	amddifadiad niferus *(eg)* (amddifadiadau niferus)
nappy	cewyn *(eg)* (cewynnau) *neu* clwt *(eg)* (clytiau)
non-accidental injury	anaf nad yw'n ddamweiniol
	(anafiadau nad ydynt yn ddamweiniol)
	neu anaf (-iadau) annamweiniol
nursery school	ysgol feithrin *(eb)* (ysgolion meithrin)
one parent family	teulu un rhiant *(eg)* (teuluoedd un rhiant)
paediatrician	paediatregydd *(eg)*
parental rights	hawliau rhieni *(ell)*
paternal/maternal	tadol/mamol *(ans)*
physical injury	anaf corfforol *(eg)* (anafiadau corfforol)
physical neglect	esgeulustod corfforol *(eg)*
place of safety	man diogel *(eg)* (mannau diogel)
place of safety order	gorchymyn diogelu *(eg)* (gorchmynion diogelu)
play scheme/group	cynllun (-iau) chwarae
	neu cylch (-oedd) chwarae
put in care	rhoi mewn gofal
putative (father)	(tad) tebygol *(ans)*
residential care (home)	(cartref) gofal preswyl
residential social work	gwaith cymdeithasol preswyl
school refusal	gwrthod mynd i'r ysgol *(be)*
senior social	uwchweithiwr cymdeithasol *(eg)*
worker	(uwchweithwyr cymdeithasol)
sexual abuse	camdriniaeth rywiol *(eb)*
single parent premium	premiwm rhiant sengl *(eg)*
	(premiymau rhiant sengl)
special school	ysgol arbennig *(eb)* (ysgolion arbennig)
team leader	arweinydd tîm *(eg)* (arweinwyr tîm)
upbringing	magwraeth *(eb)*
ward	gward (-iau) *(eg)*
wardship	gwardiaeth *(eb)*
youth club	clwb ieuenctid *(eg)* (clybiau ieuenctid)
youth service	gwasanaeth ieuenctid *(eg)*
Youth Training Scheme	Cynllun Hyfforddi Ieuenctid

Ymarfer Geirfa 2a

Dewiswch y gair/geiriau sy'n cyfateb orau i'r bwlch yn y brawddegau canlynol:

1 Er mai pymtheg oed oedd y ferch, roedd ganddi _____ o tua naw oed yn unig.

   a ddatblygiad meddyliol   *b* agwedd feddyliol   *c* gyflwr meddyliol
   ch oedran meddyliol   *d* ymddygiad meddyliol

2 Roedd yr achos mor ddifrifol, penderfynwyd galw am neb llai na'r _____ cymdeithasol.

   a gweithiwr   *b* uwchweithiwr   *c* gwasanaethau
   ch adran   *d* gyfarfod

3 Roedd arwyddion pendant o esgeulustod corfforol, felly gwnaethon nhw gais am _____ ar unwaith.

   a orchymyn diogelu   *b* feddyg   *c* orchymyn prawf
   ch ysgol arbennig   *d* orchymyn gwasanaeth cymuned

4 Adroddwyd bod y plentyn wedi cael _____ anodd yn ystod ei ddeng mlynedd cyntaf gyda'r teulu.

   a meithrinfa   *b* codiad   *c* moesoldeb   *ch* magwraeth   *d* tyfiant

5 Oherwydd yr amgylchiadau peryglus roedd e'n byw ynddyn nhw, yr unig ddewis oedd rhoi'r bachgen _____.

   a ar brawf   *b* ar orchymyn   *c* mewn gofal
   ch yn y carchar   *d* mewn llys

6 Y teimlad oedd y byddai Dafydd yn cael mwy o ofal mewn ysgol _____ achos roedd ei anghenion yn wahanol.

   a feithrin   *b* enwedig   *c* arferol   *ch* neilltuol   *d* arbennig

7 Fel arfer, mae'r cyngor yn rhedeg _____ i blant bach yn ystod yr haf.

   a cynllun chwarae   *b* cynllun addysg   *c* grŵp gofal
   ch cynllun diogelu   *d* grŵp cefnogi

8 Mae'r gweithiwr cymdeithasol yn meddwl mai anaf nad yw'n
_____ sy gan y plentyn.

a boenus *b* ddamweiniol *c* afresymol *ch* debygol *d* ddibynnol

9 Y penderfyniad oedd i'r ferch ddod yn _____ y llys.

a achos *b* ofal *c* wardiaeth *ch* ward *d* blentyn maeth

10 Daliai'r bachgen i _____ mynd i'r ysgol, er gwaethaf sawl rhybudd
am beidio â bod yn bresennol.

a orfod *b* wrthod *c* ddymuno *ch* fwynhau *d* fynnu

Ymarfer Geirfa 2b

**Llenwch y grid â'r gair/geiriau a ddiffinnir yn y brawddegau
canlynol (cofiwch mai UN llythyren yw CH, DD, FF, NG, LL, PH,
RH, TH yn Gymraeg):**

1 Dilledyn sy'n cael ei wisgo gan fabanod cyn dysgu defnyddio'r toiled:

_ _ _ _ _   *neu*   _ _ _ _

2 Yma, y fam (neu'r tad) yn unig sy'n codi'r plant heb gymorth partner
arall:

_ _ _ _ _   _ _   _ _ _ _ _

3 Yn hytrach na bod yn ddi-waith, anfonir llawer o bobl ifainc ar un o'r
rhain i gael profiad gwaith:

_ _ _ _ _ _   _ _ _ _ _ _ _   _ _ _ _ _ _ _ _ _

4 Cyflwr pan ofnir bod plentyn yn agored i gael niwed i'w syniad o'r
hyn sy'n dda neu'n ddrwg e.e. merch sy'n byw ar y stryd neu blentyn
sy'n dioddef llosgach:

_ _ _ _ _ _   _ _ _ _ _ _

5 Rhywle y gellir rhoi plentyn fel nad yw'n gorfod byw mewn perygl:

_ _ _ _ _ _ _ _ _

6 Lle addysgol y mae plant bach iawn yn mynd iddo cyn dechrau yn yr ysgol gynradd:

_ _ _ _ _ _ _ _ _ _ _ _

7 Llety arbennig lle y ceir gofal tra'n byw yno:

_ _ _ _ _ _ _ _ _ _ _ _ _ _ _ _ _ _

8 Y person yma sy'n cyfarwyddo gwaith grŵp o weithwyr cymdeithasol:

_ _ _ _ _ _ _ _ _ _ _

9 O ran golwg, roedd y plentyn yn denau dros ben, yn frwnt ac yn amlwg heb fwyta dim ers amser hir – dyma arwyddion pendant . . . :

_ _ _ _ _ _ _ _ _ _ _ _ _ _ _ _ _

10 Meddyg sy'n arbenigo mewn trin achosion sy'n ymwneud â phlant:

_ _ _ _ _ _ _ _ _ _ _ _

Ymarferion Cymwysedig

Os ydych chi'n defnyddio'r llyfr hwn ar eich pen eich hunan, dilynwch y cyfarwyddiadau dan **Gwaith unigol**.

Os ydych chi'n defnyddio'r llyfr hwn gyda rhywun arall sy'n siarad Cymraeg neu'n dysgu'r iaith, dilynwch y cyfarwyddiadau dan **Gwaith pâr**.

Os oes angen mwy o gyngor ar sut i weithio trwy'r ymarferion yma, trowch yn ôl i'r bennod 'Sut i ddefnyddio'r llyfr hwn'.

Ymarfer Gymwysedig 1

Geirfa

ar gyrion	on the edge/outskirts of
gwirfoddol	voluntary
gefell	a twin
yr efeilliaid	the twins
anwadal	unreliable
Undeb Credyd	Credit Union
pryder(-on)	worry (worries)

Y sefyllfa

Chi yw Ray Morris, gweithiwr chwarae mewn meithrinfa mewn canolfan deulu ar stâd fawr o dai ar gyrion tref sylweddol. Dim ond ychydig flynyddoedd yn ôl cafodd y ganolfan ei hagor. Cafodd ei hadeiladu a'i rhedeg fel partneriaeth rhwng adran gwasanaethau cymdeithasol yr awdurdod lleol a mudiad gwirfoddol mawr. Un o amcanion y ganolfan yw sicrhau bod y gymuned leol yn cyfrannu cymaint ag sy'n bosibl i'w gweithgareddau a chydweithredu â phawb sy'n defnyddio'r gwasanaeth.

Fore Llun, mae dyn dydych chi ddim yn ei nabod yn gadael Kim

Nolan, sy'n dair blwydd oed, yn y ganolfan ac yn diflannu cyn i chi allu gofyn dim iddo. Polisi'r feithrinfa – ac un sy'n cael ei esbonio'n ofalus i bob gofalwr – yw bod yn rhaid i rywun y mae'r staff yn ei nabod ddod â'r plant a'u casglu nhw bob dydd, neu dylid rhoi gwybod i'r feithrinfa ymlaen llaw os na fydd hynny'n digwydd. Chi yw gweithiwr allweddol Kim yn y feithrinfa ac yn gyfrifol am ei gofal hi yno.

Dydy gefell Kim (Tom) ddim gyda hi. Mae hi'n dweud ei fod e'n 'dost'. Mae'r plant yn mynd i'r feithrinfa achos bod pryderon ynglŷn â'u datblygiad. Mae'r ddau wedi treulio cyfnod yn ddiweddar mewn gofal maeth pan fu rhaid i Mrs Nolan fynd i'r ysbyty.

Mae gan yr efeilliaid chwaer hŷn, Natalie, sy'n chwe blwydd oed. Bydd hi'n aros gyda'i mam-gu yn aml a dyna beth wnaeth hi pan oedd ei mam yn yr ysbyty. Mae Mrs Nolan yn fenyw y mae pawb yn y ganolfan yn ei nabod ac yn ei hoffi. Pan fydd hi dan straen mae ei gallu hi i edrych ar ôl y plant weithiau yn anwadal ac, fel llawer o'r teuluoedd ar y stâd, mae hi'n ymdrechu i wneud ei gorau drostyn nhw er gwaethaf ei thlodi. Fel arfer, mae hi i fod i ymweld â'r ganolfan yn ystod yr awr ginio pan yw'n gweithio fel gwirfoddolwraig yn casglu arian ar gyfer yr Undeb Credyd lleol.

Y dasg

Gwaith pâr
Trafodwch y pryderon fyddai'n codi yn sgil sefyllfa fel hon. Defnyddiwch y cwestiynau ysgogi a'r ystyriaethau i feddwl am rai o'r materion y byddai'n rhaid i chi eu cynnwys ac a fyddai o gymorth wrth benderfynu ar gynllun gweithredu. Defnyddiwch yr adran ar benderfyniadau i feddwl am yr hyn y gallech chi ei wneud nesaf a pham y byddech chi'n mynd ymlaen yn y cyfeiriad hwnnw.

Gwaith unigol
Meddyliwch am y materion hynny a all godi mewn sefyllfa fel hon. Defnyddiwch y cwestiynau ysgogi a'r ystyriaethau isod i nodi'r geiriau Cymraeg y byddai eu hangen arnoch chi wrth drafod y pryderon hyn. Defnyddiwch yr adran ar benderfyniadau i feddwl am yr hyn y gallech chi ei wneud nesaf a pham y byddech chi'n mynd ymlaen yn y cyfeiriad hwnnw.

Cwestiynau ysgogi

1. Ydy mam yr efeilliaid yn eu hanfon nhw o'i gwirfodd neu ydyn nhw'n dod fel rhan o orchymyn goruchwylio? Ydy eu henwau nhw ar y Gofrestr Amddiffyn Plant?
2. Oes rhywbeth yn yr hyn sy wedi digwydd yn ystod y bore sy'n peri pryder i chi? Os oes, beth yn union yw hynny?
3. Oes ymholiadau pellach y gallech chi eu gwneud am y sefyllfa ar unwaith?
4. Ddylech chi ddweud wrth weithiwr cymdeithasol Kim am yr hyn sy wedi digwydd, neu aros i weld sut mae'r diwrnod yn mynd yn ei flaen?

Ystyriaethau

1. Ydych chi'n gwybod am drefn amddiffyn plant yr ardal rydych chi'n gweithio ynddi? Fyddech chi'n gwybod ble i gael gafael yn y manylion?
2. Ydy'r math yma o beth wedi digwydd o'r blaen? Ydy Tom yn blentyn gwan neu ydy e fel arfer yn gryf ac yn iach?
3. Beth fyddai manteision ac anfanteision peidio â gweithredu o gwbl ar hyn o bryd?

Penderfyniadau

Ar ôl i chi ystyried yr holl faterion hynny sydd ynghlwm wrth yr achos yma, dewiswch un o'r dulliau gweithredu canlynol neu unrhyw un arall sydd yn eich barn chi â mwy o fanteision iddo:

- ceisio rhoi gwybod i weithiwr cymdeithasol y teulu ac awgrymu ymweliad cartref ar unwaith;
- gwneud ymholiadau anffurfiol yn ysgol Natalie i weld a ydy hi yno heddiw;
- peidio â gwneud dim, ac aros i Mrs Nolan gyrraedd ar ddiwedd y bore.

Ymarfer Gymwysedig 2

Geirfa	Uned Gyswllt Cartref/Ysgol	Home/School Links Unit
	tawedog	withdrawn
	ar fin	about to (do something)
	cyfrinachedd	confidentiality
	datgelu	to disclose

cydsyniad   agreement, consent
ffiniau   boundaries

Y sefyllfa

Chi yw Toni McCartney, athrawes yn yr Uned Gyswllt Cartref/Ysgol yn Ysgol Gynradd Cwmllydan ar y stâd. Chi hefyd yw athrawes ddosbarth Natalie. Mae hi yn yr ysgol y bore yma ond dydy hi ddim yn teimlo'n rhy dda. Mae Natalie yn ymddangos yn dawel a thawedog. Mae hi'n dweud bod chwant bwyd arni hi a'i bod hi heb gael brecwast achos bod 'y trydan wedi rhedeg mâs ddydd Sadwrn a doedd dim llaeth i gael'.

Fel arfer, mae Natalie yn blentyn effro ac yn hoff o siarad ond heddiw mae hi'n ddifywyd ac yn anhapus. Rydych chi wedi sylweddoli ei bod hi wedi bod yn gwaethygu yn yr un ffordd bob bore Llun dros yr hanner tymor diwethaf.

Rydych chi ar fin dechrau ymarfer ar gyfer cyngerdd yr ysgol pan ofynnir i chi dderbyn galwad ffôn gan y feithrinfa am deulu'r Nolans.

Y dasg

Gwaith pâr
Defnyddiwch yr amlinelliad uchod i gynnal y sgwrs sy'n dilyn. Defnyddiwch y cwestiynau ysgogi, ystyriaethau a'r penderfyniadau sy'n dilyn i'ch helpu chi.

Gwaith unigol
Meddyliwch am y materion hynny a all godi yn sgil galwad ffôn o'r fath. Defnyddiwch y cwestiynau ysgogi, a'r ystyriaethau i nodi'r geiriau Cymraeg y byddai eu hangen arnoch. Dylech ymarfer y pwyntiau rydych chi am eu gwneud yn uchel. Defnyddiwch yr adran ar benderfyniadau i feddwl am yr hyn y gallech chi ei wneud nesaf a pham.

Cwestiynau ysgogi

1. Ydych chi'n medru ateb yr alwad ar unwaith neu fydd rhaid i chi ffonio'n ôl? Faint o amser fydd ei angen arnoch i drefnu i rywun

edrych ar ôl eich dosbarth?

2. Pa fath o berthynas sydd rhwng yr ysgol a'r ganolfan? Ydy'r ddau sefydliad yn gweithio'n dda gyda'i gilydd neu oes yna anawsterau?

3. Oes unrhyw faterion ynglŷn â chyfrinachedd y byddai angen i chi eu hystyried cyn siarad?

Ystyriaethau

1. I ba raddau y mae eich pryderon am Natalie wedi'u seilio ar yr hyn a weloch chi'n bersonol ac i ba raddau y mae eraill yn cytuno â chi? Faint o dystiolaeth arall sydd i'ch pryderon?

2. Sut mae'r gofidiau sydd gan yr ysgol yn berthnasol i unrhyw asiantaeth arall? Ydyn nhw'n rhai addysgol yn bennaf neu ydyn nhw'n rhai cymdeithasol ar y cyfan?

3. I ba raddau byddai datgelu gwybodaeth neu gynnal trafodaethau yn effeithio ar berthynas yr ysgol â Mrs Nolan? Ddylech chi fynd ymlaen heb ei chydsyniad hi a heb yn wybod iddi?

Penderfyniadau

Cyn i chi fynd at y ffôn, penderfynwch ynglŷn â'r cwestiynau canlynol ac, wedyn, dylech chi gynnal y sgwrs:

• Wnewch chi dderbyn yr alwad nawr neu ffonio 'nôl nes ymlaen?
• Faint o wybodaeth ydych chi'n bwriadu ei rhoi ar y dechrau?
• Beth yw'ch agwedd chi at y drafodaeth? Ydych chi'n bwriadu bod yn onest ac yn agored y tu fewn i ffiniau sgwrs broffesiynol, neu fyddwch chi'n ofalus ac yn dawedog?

Ymarfer Gymwysedig 3

Geirfa	dala nôl	to hold back
	ymweliad cartre(f)	home visit
	blaenoriaeth	priority
	byr rybudd	short notice

Y sefyllfa

Chi yw Gwen Parry, y weithwraig gymdeithasol sy'n gyfrifol am Ruby Nolan a'i theulu. Rydych chi'n dychwelyd i'r swyddfa am 1.30 yn y prynhawn ac yn derbyn memo pwysig gan eich arweinydd tîm a ysgrifennwyd am 12.30, yn ogystal â neges ffôn a dderbyniwyd am 1.00 p.m.

★ ★ ★ ★ ★ ★ ★ ★

Y memo
Mae'n ymddangos fod problemau wedi bod yn nheulu'r Nolans dros y penwythnos. Dydy Tom ddim yma heddiw a rhywun dieithr ddaeth â Kim i'r ganolfan. Rydym wedi cysylltu â'r ysgol ac mae Natalie yn amlwg yn poeni am rywbeth er bod yr athrawes oedd wedi siarad â ni wedi 'dala nôl' rywfaint am bopeth.

Penderfynais i y dylen ni aros i weld Mrs Nolan pan ddaw hi i'r Undeb Credyd amser cinio ond, hyd yn hyn, dydy hi ddim wedi cyrraedd. Os nad yw hi wedi dod erbyn i chi ddod 'nôl i'r swyddfa, rwy'n credu bydd eisiau trefnu ymweliad cartre cyn bod Kim yn cael ei chasglu o'r ysgol. Rwy'n gwybod eich bod chi i fod ar ddyletswydd swyddfa y prynhawn yma, ond gobeithio na fydd yr ymweliad yn para'n rhy hir ac fe ddylai hwn gael blaenoriaeth. Os bydd pethau'n troi allan yn fwy cymhleth, bydda' i 'nôl fy hunan erbyn 3.00 ac fe drefna i fod rhywun yn cymryd eich lle.

Beth bynnag sy'n digwydd, wnewch chi gysylltu â fi ar ôl mynd i weld Mrs Nolan?

★ ★ ★ ★ ★ ★ ★ ★

Y neges ffôn
Galwodd Mrs Nolan i'ch gweld chi am un o'r gloch pan oedd y swyddfa ar fin cau. Dwedodd hi ei bod hi'n awyddus i'ch gweld chi ond roedd hi'n methu aros gan fod Tom gartre yn dost gyda hi ac roedd yn rhaid iddi fynd i rywle arall.

Bydd hi 'nôl i gasglu Kim am 3.00 ac fe fydd hi'n galw i'ch gweld chi eto bryd hynny.

★ ★ ★ ★ ★ ★ ★

Ar ôl gweld nodyn eich arweinydd tîm rydych chi'n penderfynu nad oes fawr o ddewis ond ceisio trefnu ymweliad cartref.

Y dasg

Gwaith pâr
Defnyddiwch y cwestiynau ysgogi isod i ddechrau rhestru unrhyw eiriau y byddai eu hangen arnoch chi wrth gynnal y cyfweliad sydd i ddilyn. Dylech chi gynnal y sgyrsiau sy'n dilyn pan fyddwch chi'n ymweld â'r cartref. Gallech chi amrywio'r rhannau rydych chi'n eu chwarae. Pan fyddwch chi'n chwarae rhan y gweithiwr cymdeithasol, gwnewch yn siwr fod gennych chi ddigon o wybodaeth erbyn diwedd yr ymweliad i allu gwneud asesiad cychwynnol o'r sefyllfa ac y byddwch chi'n gallu adrodd am hyn wrth eich arweinydd tîm.

Gwaith unigol
Defnyddiwch y cwestiynau ysgogi isod i ddechrau rhestru unrhyw eiriau y byddai eu hangen arnoch chi wrth gynnal y cyfweliad sydd i ddilyn. Dylech chi ymarfer y cwestiynau y byddech chi am eu gofyn i Mrs Nolan yn uchel a meddwl am y math o atebion y byddai hi'n eu rhoi. Ar y diwedd, dylai fod gennych chi syniad clir o'r wybodaeth y byddai angen i chi adrodd arni wrth eich arweinydd tîm.

Cwestiynau ysgogi

1. Beth yw pwrpas yr ymweliad?
   * cael gwybod am yr hyn ddigwyddodd dros y penwythnos?
   * atgoffa Mrs Nolan am bolisi'r feithrinfa ynglŷn â mynd â phlant yno?
   * holi ynglŷn â Tom?
   * ymateb i'r neges ei bod hi am eich gweld chi?
2. Beth fydd cyflwr meddwl Mrs Nolan? Fydd hi'n bryderus neu'n synnu eich gweld chi ar gymaint o fyr rybudd? Neu fydd hi'n ymosodol os yw hi'n meddwl eich bod chi wedi dod i fusnesa yn unig?
3. Beth wnewch chi os nad yw hi yn y tŷ?

Ymarfer Gymwysedig 4

Geirfa	argymhelliad	recommendation
	drwgdybus	suspicious
	o'i anfodd	unwillingly
	gorchuddio	to cover
	chwyd	vomit

Gwaith pâr
Darllenwch y darn yma:

> Rydych chi'n mynd ar ymweliad cartre ond dydy Mrs Nolan ddim
> yna. Yn lle hynny, daw dyn i ateb y drws a'i agwedd tuag atoch chi
> yn amrywio o fod yn ddrwgdybus i fod yn eithaf ymosodol. Gallwch
> chi weld bod Tom yn eistedd mewn cornel yn y stafell ffrynt ac
> mae'r dyn yn dod ag e at y drws o'i anfodd achos eich bod chi'n
> mynnu hynny. Mae'n amlwg nad yw Tom yn dda ac mae ei ddillad
> wedi'u gorchuddio â chwyd sych. Mae Mrs Nolan wedi mynd i
> weld 'y bobol tai'. Dydyn ni ddim yn gwybod pryd bydd hi 'nôl.

'Nôl yn y swyddfa, fe ysgrifennwch chi adroddiad i'ch arweinydd tîm am
yr hyn sydd wedi digwydd. Dylech chi gynnal y sgwrs sy'n dilyn gyda'ch
arweinydd tîm ac, yn arbennig felly, gytuno ar yr hyn y dylid ei wneud
nesaf:

* Wnewch chi aros i weld pwy ddaw i gasglu Kim ac, os mai Mrs
  Nolan sy'n dod, siarad â hi bryd hynny?
* Wnewch chi geisio dod o hyd iddi yn y swyddfa dai?
* Pa faterion byddwch chi'n eu codi gyda hi?
* Pa opsiynau gweithredu bydd yn rhaid i chi eu hystyried yn sgil hyn
  i gyd?

Gwaith unigol
Dylech chi baratoi nodyn byr i'ch arweinydd tîm sy'n cofnodi'r canlynol:

1. Gwelwyd Mrs Nolan gartre. Ei brawd hi oedd y 'dyn dierth'.
2. Mae clust dost gan Tom ac roedd e ar ddihun trwy'r nos. Mae'n
   well heddiw ac fe ddylai fod 'nôl yn y feithrinfa 'fory.
3. Galwodd Mrs Nolan oherwydd problemau ariannol. Doedd dim
   arian gyda hi am y mesurydd trydan dros y Sul. Mae hi'n methu
   talu ei bil dŵr ac maen nhw wedi bygwth torri ei chyflenwad.
4. Fe ddylai hi allu cael benthyg peth arian trwy'r Undeb Credyd ond
   dim digon i dalu'r bil i gyd. All yr adran ei helpu?

Yn eich adroddiad, dylech wneud argymhelliad ynglŷn â helpu talu'r bil a
chyflwyno achos dros wneud hynny, os ydych chi'n cefnogi ei chais.

*Gweithio gyda phobl ag
anawsterau dysgu*

~

*Working with people with learning
difficulties*

Rhagarweiniad

Mae gweithio gyda phobl ag anawsterau dysgu yn faes lle mae'r posibilrwydd o ymarfer lles cymdeithasol effeithiol yn dibynnu ar sensitifrwydd ieithyddol yn fwy, efallai, na bron yr un maes arall.

Wrth weithio gyda phlant ifainc, mae bob amser yn bwysig ddefnyddio'r iaith y maent yn medru cyfathrebu ynddi orau. Ceir canrannau uwch o siaradwyr uniaith Gymraeg yn rhestrau achosion lles cymdeithasol nag yn y boblogaeth yn gyffredinol ac mae'n amlwg fod plant yn un o'r grwpiau mwyaf yn y cyd-destun yma. Yn achos plant ag anawsterau dysgu a godir ar aelwydydd Cymraeg, mae'n fwy tebyg byth mai'r Gymraeg fydd eu hunig iaith. Hefyd, wrth i blant dyfu'n bobl ifainc ac oedolion, bydd iaith yn offeryn hanfodol iddynt wneud y gorau o'u gallu unigol i wneud synnwyr o'r byd a datblygu eu medrusrwydd i'r eithaf.

Gwelir bod hanes anawsterau dysgu yn y wlad hon wedi bod ynghlwm wrth wasanaethau sydd ar y gorau wedi bychanu eu defnyddwyr ac, yn y sefyllfaoedd gwaethaf, wedi eu gormesu'n ddybryd. Dylai ystyriaeth gyson o'r defnydd a'r camddefnydd o berthynas sy'n seiliedig ar rym bob amser fod yn rhan o waith moesegol yn y maes hwn ac mae angen i iaith fod yn rhan ganolog o'r ystyriaeth honno. Mae'r ymarfer orau yn golygu y bydd gwasanaethau yn ymdrechu i roi gwerth llawn ar safbwyntiau a dymuniadau defnyddwyr unigol a hybu eu hymreolaeth a'u gallu i'r eithaf. Man cychwyn helpu unrhyw un i roi eu hochr nhw o'r stori hon yw sicrhau mai'r iaith a ddefnyddir er mwyn cyfathrebu yw'r un sy'n gweddu orau i'w hanghenion nhw – nid i anghenion y darparwr.

Yn y maes hwn, llwyddiant fu hanes diweddar datblygu gwasanaethau cyffredinol yng Nghymru. Mae Strategaeth Anfantais Feddyliol Cymru Gyfan wedi darparu gwell lefel o adnoddau ac wedi hoelio sylw newydd ar y ddarpariaeth o wasanaethau wedi'u lleoli yn y gymuned ar gyfer unigolion a'u teuluoedd. Yn sgil hynny, cafwyd rhwydwaith o help sy'n cynnwys gwasanaethau meddygol a chymdeithasol, a chynlluniau arloesol trwy'r sector gwirfoddol a chymdeithasau tai. Dylai Deddf Iaith 1993 gyfrannu at hybu sensitifrwydd ieithyddol fel rhan ganolog o'r darlun hwn sy'n dal i ddatblygu.

Introduction

Working with people with learning difficulties is an area in which, perhaps more than almost any other, the possibility of effective social welfare practice depends upon language sensitivity.

In working with young children, use of the language in which they are best able to communicate is always important. Monolingual Welsh speakers appear in greater numbers on social welfare caseloads than in the population as a whole and young children are clearly one of the largest groups to whom this applies. For children with learning difficulties who are brought up in Welsh-speaking homes, this is even more likely to be their only language. Also, as children grow into young people and adults, language will be a vital tool in making the most of each individual's ability to make sense of the world and in developing their capacities to the full.

The history of learning difficulties in this country has long been one of services which have been at best patronizing and at worst appallingly oppressive. An active consideration of the use and abuse of power relationships should always be part of ethical work in this field, and language needs to form a central part of that effort to place full value upon the views and wishes of individual users and to promote their own autonomy and capacities to the maximum. Helping anyone to be able to communicate their side of this story has to start by ensuring that the language of that communication is the one which will suit that person's needs best – not the needs of the provider.

In this field, the general development of services in Wales has a successful recent history. The All Wales Mental Handicap Strategy has provided an improved level of resources and focused new attention upon the provision of community-based services for individuals and their families. The result has been a network of help which draws in medical and social services and innovative schemes, for example through the voluntary sector and housing associations. The 1993 Welsh Language Act should now contribute to the promotion of linguistic sensitivity as a core part of this developing picture.

Cyflwyno'r Eirfa

Geirfa 1

activity group	grŵp gweithgarwch *(eg)* (grwpiau gweithgarwch)
birth parents	rhieni biolegol *(ell)*
bonding; a bond	clymu *(be)*; cwlwm *(eg)*
communicate	cyfathrebu *(be)*
communication	¹cyfathrebiad (-au) *(eg)*
community mental handicap team (CMHT)	tîm cymunedol anfantais feddyliol (TCAM)
community nurse	nyrs gymuned *(eb)* (nyrsus cymuned)
development	²datblygiad (-au) *(eg)*
developmental	datblygiadol *(ans)*
development delay	oedi mewn datblygu *(be)* neu oedi yn natblygiad rhywun
handicap	³anfantais *(eb)* (anfanteision)
hyperactive	gorfywiog *(ans)*
illiteracy	anllythrennedd *(eg)*
institution	sefydliad (-au) *(eg)*
institutionalize	sefydliadu *(be)*
institutionalized	sefydliadus *(ans)*

¹ *neu 'cyfathrebu' (be); gw. t.22, n.4, am duedd y Gymraeg i ddefnyddio'r berfenw yn lle'r enw.*
² *neu 'datblygu' (be); gw. n.1 uchod.*
³ *mental handicap – anfantais feddyliol (anfanteision meddyliol)*

Ymarfer Geirfa 1a

Dewiswch y gair/geiriau sy'n cyfateb orau i'r bwlch yn y brawddegau canlynol:

1 Roedd y plentyn ar ddihun drwy'r amser, yn chwarae, neidio a sgrechian yn ddi-baid – arwydd amlwg ei fod yn _____.

   a orffwyll   *b* orfywiog   *c* ormesol   *ch* gorffwys   *d* gorweithio

2 Credwyd bod peth _____ yn natblygiad y plentyn oherwydd ei fod yn cael anawsterau i ddysgu pethau newydd.

   a oedi   *b* diffyg   *c* nam   *ch* anghywirdeb   *d* oed

3 Pwysleisiodd yr uwchweithiwr cymdeithasol mai _____ sydd bwysicaf – siarad â phobl a sicrhau bod pawb yn deall ei gilydd yn glir.

a cyfnewid   *b* hysbysebu   *c* cysylltu   *ch* cyfarwyddo   *d* cyfathrebu

4 Anfantais _____ oedd gan y ferch – doedd ganddi ddim problemau o gwbl o ran ei chorff.

a meddyliol   *b* meddylgar   *c* feddwl   *ch* feddyliol   *d* meddyliau

5 Roedd y broses o _____ yn hollbwysig wrth i'r plentyn a'r rhieni newydd ddod i nabod ei gilydd a dechrau magu teimladau teuluol.

a glymu   *b* ddatblygu   *c* adnabyddiaeth   *ch* gysylltu   *d* sefydliadu

Ymarfer Geirfa 1b

Llenwch y grid â'r gair/geiriau a ddiffinnir yn y brawddegau canlynol (cofiwch mai UN llythyren yw CH, DD, FF, NG, LL, PH, RH, TH yn Gymraeg):

1 Cyflwr pan nad yw person yn gallu darllen o gwbl gan nad yw erioed wedi dysgu sut mae gwneud hynny:

_ _ _ _ _ _ _ _ _ _

2 Rhywun sy'n gofalu am blant neu gleifion, fel arfer yn yr ysbyty ond, weithiau, ac yn yr achos yma, yn eu cartrefi:

_ _ _ _   _ _ _ _ _ _

3 Dyma fam a thad go iawn y plentyn/plant:

_ _ _ _ _   _ _ _ _ _ _ _

4 Disgrifiad o glaf, neu rywun ag anghenion arbennig, sy'n dibynnu'n llwyr ar y cyfleusterau sydd ar gael gan ysbytai, meddygon a.a., ac yn methu ymdopi â byw tu allan i ysbyty neu gartref o ryw fath:

_ _ _ _ _ _ _ _ _ _

5 Y broses o 'dyfu' a newid i fagu rhagor o sgiliau er enghraifft, neu, mewn addysg, meithrin eich gallu:

_ _ _ _ _ _ _ _ _

Geirfa 2

intelligence	deallusrwydd *(eg)*
mental age	oedran meddyliol *(eg)*
mental development	datblygiad meddyliol *(eg)*
normalization	[1]normaleiddiad (-au) *(eg)*
normalize	normaleiddio *(be)*
occupational therapist	therapydd galwedigaethol *(eg)*
	(therapyddion galwedigaethol)
occupational therapy	therapi gwaith *(eg)*
proper development	datblygiad priodol *(eg)*
residential	preswyl *(ans)*
residential care	gofal preswyl *(eg)*
respite care	gofal seibiant *(eg)*
retardation	arafwch *(eg)*
retarded	araf *(ans)*
sheltered employment	gwaith lloches *(eg)*
sheltered workshop	gweithdy lloches *(eg)* (gweithdai lloches)
subnormal	isnormal *(ans)*
training centre	canolfan hyfforddi *(eb)* (canolfannau hyfforddi)

[1] *Eto, y duedd yn aml iawn yw defnyddio'r berfenw, sef normaleiddio.*

Ymarfer Geirfa 2a

Dewiswch y gair/geiriau sy'n cyfateb orau i'r bwlch yn y brawddegau canlynol:

1 Mae pob math o gyrsiau yn cael eu cynnal fydd yn helpu pobl i gael gwaith a meithrin sgiliau newydd yn y ganolfan _____.

   a ddysgu   *b* ddydd   *c* hyfforddiant   *ch* hyfforddi   *d* lloches

2 Roedd Gethin newydd ddathlu ei benblwydd yn ddeunaw ond roedd ganddo oedran _____ o tua hanner hynny.

   a deall   *b* meddylgar   *c* meddyliol   *ch* datblygu   *d* datblygiadol

3 Roedd gallu anhygoel Llinos mewn sawl maes yn arwydd bendant o'i _____ amlwg, hyd yn oed pan oedd hi'n ifanc iawn.

   a hymennydd   *b* hamynedd   *c* dealltwriaeth
   ch doniau   *d* deallusrwydd

4 Mae'r cyfnod o _____ yn allweddol yn y broses o ennill hyder a datblygu sgiliau newydd cyn mynd allan i'r byd eto a cheisio am swydd.

   a therapi preswyl   *b* therapi lleferydd   *c* therapi teulu
   ch therapi gwaith   *d* therapi grŵp

5 Cafwyd dirywiad pendant yng nghyflwr yr hen fenyw, felly penderfynwyd ei hanfon am gyfnod o _____ dros dro, yn y gobaith y byddai hynny'n fodd iddi gryfhau eto a dychwelyd adre.

   a ofal gwirfoddol   *b* ofal seibiant   *c* ofal wedyn
   ch ofal dydd   *d* ofal dwys

Ymarfer Geirfa 2b

Llenwch y grid â'r gair/geiriau a ddiffinnir yn y brawddegau canlynol (cofiwch mai UN llythyren yw CH, DD, FF, NG, LL, PH, RH, TH yn Gymraeg):

1 Cyflwr sy'n dangos nad yw datblygiad addysgiadol – ac weithiau emosiynol – plentyn yr un mor gyflym â phlant eraill o'r un oedran:

  _ _ _ _ _ _

2 Proses o sicrhau bod rhywun ag anawsterau yn mynd yn ôl i wneud pethau arferol, bob-dydd y mae bron pawb arall yn eu gwneud:

  _ _ _ _ _ _ _ _ _ _

3 Disgrifiad o le mae pobl yn byw – byddai pobl mewn cartref o'r fath yn byw ac yn aros yno am gyfnodau sylweddol:

  _ _ _ _ _ _ _

4 O dan y lefelau arferol a ddisgwylir o ran ymddygiad neu addysg, er enghraifft:

  _ _ _ _ _ _ _ _

5 Rhywun sy'n rhoi cymorth i bobl ailddysgu crefft neu waith, fel rhan o'r broses o'u gwella nhw a'u hadfer i fywyd bob dydd:

  _ _ _ _ _ _ _   _ _ _ _ _ _ _ _ _ _ _ _

Ymarferion Cymwysedig

Os ydych chi'n defnyddio'r llyfr hwn ar eich pen eich hunan, dilynwch y cyfarwyddiadau dan **Gwaith unigol**.

Os ydych chi'n defnyddio'r llyfr hwn gyda rhywun arall sy'n siarad Cymraeg neu'n dysgu'r iaith, dilynwch y cyfarwyddiadau dan **Gwaith pâr**.

Os oes angen mwy o gyngor ar sut i weithio trwy'r ymarferion yma, trowch yn ôl i'r bennod 'Sut i ddefnyddio'r llyfr hwn'.

Ymarfer Gymwysedig 1

Geirfa

gweithwraig brosiect	project worker (*ben*)
mudiad gwirfoddol	voluntary organization
seibiau byr	short breaks
gwirfoddolwyr	volunteers
sylfaenol	basic
addasrwydd	suitability

Y sefyllfa

Sandy Lewis ydych chi, gweithwraig brosiect ar gynllun gofal seibiant sy'n cael ei redeg gan fudiad gwirfoddol mewn ardal wledig. Nod y cynllun yw rhoi rhieni plant ag anawsterau dysgu mewn cysylltiad â theuluoedd eraill er mwyn rhoi seibiau byr iddyn nhw o'u cyfrifoldebau gofal dyddiol. Fel rhan o raglen hysbysebu'r cynllun i ddefnyddwyr posibl a gwirfoddolwyr newydd, byddwch chi'n rhoi cyfweliad pum munud ar sioe cerddoriaeth a sgwrsio fore Gwener ar yr orsaf radio Gymraeg leol.

Rhaid ichi nawr lunio rhestr o'r pum prif bwynt yr hoffech chi eu gwneud yn yr amser fydd gennych chi ar y radio.

Y dasg

Gwaith pâr
Defnyddiwch yr amlinelliad uchod a'r cwestiynau ysgogi, ystyriaethau a phenderfyniadau i fynd trwy'r cyfweliad gyda'ch gilydd. Chi ddylai chwarae rhan y weithwraig brosiect, yn y lle cyntaf o leiaf.

Gwaith unigol
Meddyliwch am y materion hynny y byddech chi am eu codi, efallai, mewn cyfweliad o'r fath. Defnyddiwch y cwestiynau ysgogi isod i nodi'r geiriau Cymraeg y byddai eu hangen arnoch. Defnyddiwch yr ystyriaethau a'r penderfyniadau i feddwl am y gwahanol ddulliau o weithredu a all ddilyn cyfweliad o'r fath.

Cwestiynau ysgogi

1. Faint o wybodaeth sylfaenol bydd yn rhaid i chi ei rhoi am y cynllun?
2. Faint o bobl yn y gynulleidfa sy'n debyg o wybod am wasanaethau ar gyfer pobl ag anawsterau dysgu yn gyffredinol?
3. Faint o deuluoedd ydych chi am eu recriwtio i'r cynllun – fel defnyddwyr ac fel gwirfoddolwyr?

Ystyriaethau

1. Sut gall rhywun gysylltu â chi os oes diddordeb gyda nhw ar ôl clywed y cyfweliad? Fydd gwasanaeth peiriant ateb ffôn gennych chi? Drefnwch chi i'r swyddfa dderbyn galwadau yn bersonol? Rowch chi gyfeiriad y prosiect fel bod pobl yn medru cysylltu trwy lythyr neu alw'n bersonol?
2. Ydych chi wedi penderfynu sut rydych chi'n mynd i ddelio â'r ymholiadau? Os bydd defnyddwyr newydd posibl y gwasanaeth yn cysylltu â chi, beth fydd y cam nesaf? Oes gwybodaeth gennych chi i'w danfon at bobl sydd â diddordeb? Fyddwch chi'n gallu ymateb i geisiadau am ymweliadau cartref? Os bydd teuluoedd gwirfoddoli newydd yn cysylltu â chi, sut byddan nhw'n cael eu hystyried? Pa wybodaeth byddan nhw'n gorfod ei rhoi i chi? Sut gwnewch chi benderfyniadau ynglŷn â'u haddasrwydd? Ydy'r sawl sydd eisoes yn defnyddio'r gwasanaethau yn chwarae unrhyw ran yn y prosesau hyn?
3. Sut gallwch chi ddenu pobl newydd i'r prosiect heb godi disgwyliadau'n afresymol am yr hyn a all ddilyn?

Penderfyniadau

Ar ôl i chi orffen y gwaith paratoi, gwnewch nodyn o'r pum pwynt yr ydych yn bwriadu eu gwneud yn ystod eich cyfweliad radio. Gwnewch yn siŵr fod gennych chi wybodaeth sylfaenol am y prosiect wrth law, yn ogystal â ffyrdd o gysylltu â chi wedi hynny. Ceisiwch sicrhau bod eich neges yn bositif ond hefyd yn realistig.

Ymarfer Gymwysedig 2

Geirfa

cymorth	assistance/help
amgylchiadau	circumstances
rhwym o fod	bound to be
darpar-deulu	prospective family
meini prawf	criteria
cysylltiadau cyhoeddus	public relations
hybu delwedd	to promote an image
ymgeiswyr aflwyddiannus	unsuccessful applicants
cymhelliant	motivation
gwireddu	to realize (ambitions, plans)

Y sefyllfa

Mae Mr a Mrs Jones yn byw ar fferm fach. Mae eu teulu eu hunain wedi tyfu a bellach yn annibynnol. Mae ganddynt nai sy'n 'araf' ac maen nhw'n teimlo eu bod yn deall beth sydd ynghlwm wrth fagu rhywun tebyg. Roedd Mrs Jones wedi clywed y rhaglen ar y radio pan soniodd Sandy Lewis am y prosiect gofal seibiant ac mae hi'n meddwl y gallai hi a'i gŵr fod o gymorth. Mae ganddyn nhw le yn y fferm ac, o ystyried amgylchiadau ariannol ffermio yng Nghymru heddiw, maen nhw'n rhwym o fod â diddordeb yn yr awgrym y gallen nhw gael eu talu am eu gwaith. Maen nhw'n penderfynu ffonio'r prosiect i ddarganfod mwy.

Y dasg

Gwaith pâr
Defnyddiwch yr amlinelliad uchod i gynnal y sgwrs sy'n dilyn. Chi ddylai chwarae rhan y weithwraig brosiect sy'n derbyn galwad Mr neu Mrs Jones. Defnyddiwch y cwestiynau ysgogi, ystyriaethau a'r penderfyniadau isod i'ch helpu.

Gwaith unigol
Rydych chi'n dod i'r swyddfa a chodi neges oddi wrth Mr a Mrs Jones o'r peiriant ateb. Maen nhw'n dweud bod ganddyn nhw ddiddordeb yn y prosiect ond bod angen mwy o wybodaeth arnyn nhw. Gwnewch restr o'r pwyntiau pwysicaf y byddwch chi am eu codi a'u trafod gyda Mr a Mrs Jones pan fyddwch chi'n eu ffonio nhw 'nôl. Defnyddiwch y cwestiynau ysgogi isod i wneud nodyn o'r geiriau Cymraeg y bydd eu hangen arnoch pan fyddwch chi'n siarad â nhw.

Cwestiynau ysgogi

1. Pa fath o wybodaeth y byddech chi'n chwilio amdani o'r alwad ffôn gyntaf gan ddarpar-deulu? Cofiwch bethau sylfaenol fel enwau a chyfeiriadau.
2. Pa fath o wybodaeth y byddech chi'n ceisio ei rhoi i rywun sy'n ffonio? Oes gennych chi rywbeth y gellid ei ddanfon trwy'r post?
3. Oes ffactorau fyddai'n peri i chi beidio ag ystyried rhai ymholiadau yn ystod y cyfnod cynnar hwn? Fyddai meini prawf, er enghraifft ynglŷn ag oedran neu iechyd teuluoedd gofal seibiant?

Ystyriaethau

1. Mae ochr cysylltiadau cyhoeddus y darllediad radio yn bwysig i'r prosiect. Awgrymodd y cynhyrchydd gynnal rhaglen ffonio-i-mewn yn y dyfodol, gyda'r bwriad o ateb cwestiynau gan y cyhoedd a hybu delwedd bositif i bobl ag anawsterau dysgu, eu gallu a'u hawl i dderbyn gwasanaethau derbyniol. Mae eich arweinydd prosiect, sy'n methu siarad Cymraeg ei hunan, eisoes wedi mynegi brwdfrydedd am y syniad ac wedi rhybuddio holl staff y prosiect i ateb ymholiadau sy'n dod yn sgil y cyfweliad mewn ffordd a fyddai'n osgoi unrhyw gyhoeddusrwydd anffodus oddi wrth ymgeiswyr aflwyddiannus yn y dyfodol.
2. Sut rydych chi'n mynd i ddelio â'r cwestiwn o dalu am ofalwyr

seibiant? Mae arian yn ffactor i lawer o deuluoedd ond, er mwyn i'r cynllun weithio, dydych chi ddim yn gallu gadael i hyn fod yn brif ran o'u cymhelliant. Sut rydych chi'n mynd i brofi hyn wrth ddelio ag ymholiadau newydd?

3. Sut rydych chi'n bwriadu mynd ar ôl yr ymholiadau hynny sy'n dod i mewn ar ôl y cyfnod cychwynnol? Ble mae'r lle gorau i ddod i gysylltiad wyneb-yn-wyneb – yn swyddfa'r prosiect neu drwy ymweliad cartref?

Penderfyniadau

Ar ddiwedd eich sgwrs â Mr neu Mrs Jones, neu ar ôl clywed y neges:

- Penderfynwch sut i ddatblygu eu hymholiad. Ddylech chi eu gwrthod nawr, ac esbonio'n garedig pam? Ddylech chi roi mwy o wybodaeth iddyn nhw am y gwaith y bydden nhw'n ymgymryd ag e fel teulu gofal seibiant a'r goblygiadau sydd ynghlwm wrth hynny, fel y gallan nhw benderfynu drostyn eu hunain a ydyn nhw am fynd â'u hymholiad ymhellach? Ddylech chi benderfynu bod unrhyw fath o deulu yn brin ar hyn o bryd ac mai ymweliad cartref sydyn fyddai orau?
- Pa ddulliau gweithredu bynnag y penderfynwch chi arnyn nhw, sut byddwch chi'n eu gwireddu? Fyddwch chi'n ysgrifennu? Ffonio? Fyddwch chi'n galw heibio yn y gobaith y bydd rhywun gartref ar y pryd?

Ymarfer Gymwysedig 3

Geirfa	ymdopi	to cope
	yn dreth ar	a burden on
	haeddiannol	deserved
	anghenion	needs
	teulu cyswllt	link family
	ymgyrch	campaign
	darpar-ofalwyr	prospective carers

Y sefyllfa

Mae tri o blant gan y teulu Edwards ac mae anawsterau dysgu difrifol gan yr un ieuengaf. Saith a phedair yw oedran y plant hŷn ac mae Rhys yn ddwy a hanner oed. Ers i Rhys gael ei eni, mae'r teulu wedi llwyddo i ymdopi gyda chymorth sylweddol gan y gwasanaethau meddygol a chymdeithasol. Mae e'n blentyn dymunol a boddhaol ond yn dreth ar ei rieni'n gorfforol ac yn emosiynol. Mae Mr a Mrs Edwards yn flinedig iawn oherwydd nosweithiau di-gwsg a diwrnodau prysur. Maen nhw'n gofidio dydy'r plant hŷn ddim bob amser yn derbyn y sylw haeddiannol na'r mathau o brofiadau sydd ar gael i bobl ifainc eraill yr un oedran â nhw, gan fod anghenion Rhys yn dod yn gyntaf. Clywodd Mrs Edwards am y prosiect gofal seibiant gan weithiwr cymdeithasol y teulu ac mae hi wedi ymweld unwaith i gwrdd â staff y prosiect. Fel canlyniad, mae'r ddau riant wedi dangos diddordeb yn y syniad o gael teulu cyswllt a all ddod i nabod Rhys yn raddol fach ac, wrth i'r hyder godi ar y ddwy ochr, ofalu amdano am gyfnodau byr tra bod Mr a Mrs Edwards yn canolbwyntio ar anghenion gweddill y teulu.

Maen nhw'n gwybod bod y prosiect yn gobeithio recriwtio mwy o deuluoedd trwy ymgyrch gyhoeddusrwydd leol. Mae Mrs Edwards wedi trefnu mynd i'r swyddfa y prynhawn yma er mwyn trafod y sefyllfa yn fwy manwl a gweld beth fyddai'r cam nesaf.

Y dasg

Gwaith pâr
Dylech chi gynnal y sgwrs sy'n dilyn yn ystod yr ymweliad yn y prynhawn â swyddfa'r prosiect. Gallwch amrywio'r rhannau rydych chi'n eu chwarae. Defnyddiwch y cwestiynau ysgogi i feddwl am rai o'r materion y byddai'n rhaid i chi eu cynnwys yn y sgwrs.

Gwaith unigol
Gwnewch **ddwy** restr, yn gosod y **gobeithion** a'r **ofnau** y mae Mrs Edwards yn debyg o'u codi yn y cyfarfod y prynhawn yma. Defnyddiwch y cwestiynau ysgogi isod i feddwl am rai o'r materion a all godi. Defnyddiwch y geiriau yn y rhestrau i ymarfer yn uchel y math o gwestiynau y dylai'r drafodaeth yn y prynhawn eu hwynebu.

Cwestiynau ysgogi ac ystyriaethau

1. Faint o wybodaeth sydd gan Mrs Edwards am y prosiect? Faint o fanylion sydd gan y prosiect am deulu'r Edwards? Un cyfarfod arbrofol yn unig a gafwyd hyd yn hyn. Efallai y bydd rhaid symud ymlaen yn ystod y cyfarfod heddiw i roi a chasglu gwybodaeth yn fwy ffurfiol. Pa fath o gwestiynau y bydd rhaid i chi eu gofyn? Pa fath o wybodaeth ychwanegol am y prosiect, a'r ffordd y mae'n gweithio, y bydd angen i chi ei ddarparu?
2. Pa fath o deimladau sy gan deuluoedd yn y sefyllfa yma? Fydd gwrthdaro, er enghraifft, rhwng yr angen am help a theimlo'n euog am fethu ag ymdopi? Fydd unrhyw bryder am y prosiect ei hun a'r lefel o ofal sy'n cael ei ddarparu trwyddo fe?
3. Os yw Mrs Edwards yn awyddus i ddod yn rhan o'r cynllun, pa fath o deulu cyswllt mae hi'n chwilio amdano? Pa fath o faterion neu bwyntiau fydd yn mynd trwy ei meddwl? Fydd profiad y darpar-ofalwyr yn bwysig? Fydd rhaid ystyried lleoliad y teulu cyswllt o ran trafnidiaeth i Rhys? Fydd presenoldeb plant eraill yn gwneud unrhyw wahaniaeth?

Penderfyniad

Ar ddiwedd y cyfweliad, penderfynwch a ydych chi am wneud trefniadau i gyfarfod eto neu beidio.

Ymarfer Gymwysedig 4

Geirfa

cnewyllyn	kernel (h.y. nub, gist)
cyfuniad	combination
aflonyddu	(to) upset, disturb
rhyddhad	relief
pwysleisio	to emphasize
camarweiniol	misleading
disgwyliadau	expectations
ynysig	isolated
mynegi	to express

Y sefyllfa

Rydych chi, Sandy Lewis, yn anfon memo at eich arweinydd tîm:

★ ★ ★ ★ ★ ★ ★

Y memo
Mae problem 'da fi, sef penderfynu a ddylwn i fynd ymlaen i gysylltu dau deulu â'i gilydd y bues i'n cyfarfod â nhw yn ddiweddar, neu beidio. Mae'r ffeiliau, gyda manylion am y teuluoedd, yma ac rwyf wedi llunio rhestr o'r prif bwyntiau ynglŷn â hyn, a byddwn i'n gwerthfawrogi cael eich cyngor am y ffordd orau o fynd â hyn ymlaen. Bydda i yn y swyddfa drwy'r dydd yfory. Os does dim modd i ni gyfarfod, byddwn i'n hynod o falch derbyn nodyn gennych chi gydag awgrymiadau!

Cnewyllyn yr achos: mae teulu'r Edwards yn edrych am deulu cyswllt. Efallai bod gennym ni un yn nheulu'r Jones. Ydyn nhw'n gyfuniad da?

Manteision
Mae'r prif ddadleuon dros fynd ymlaen yn rhai ymarferol ac yn ymwneud ag amser. Pe bydden ni'n penderfynu mynd ymlaen, gellid dechrau ar y trefniadau hyn bron ar unwaith. Pe bydden ni'n penderfynu yn erbyn y cyfuniad hwn, does gennym ni ddim y gallen ni ei gynnig yn syth – ac yn sicr, dim sy'n cwrdd â rhai o'r anghenion sylfaenol a restrir isod. Felly . . .
    (i) Mae Mr a Mrs Jones yn byw ar fferm fach gyda digon o le yn y tŷ a'r ardd. Mae Mrs Edwards yn dweud bod angen lle ar Rhys lle y byddai'n gallu rhedeg yn wyllt a chadw llawer o sŵn. Un o'r problemau sydd gan y teulu ar hyn o bryd yw pryder am aflonyddu'r cymdogion ar bob ochr i'w tŷ teras. Gallai'r fferm fod yn rhyddhad mawr iddyn nhw o'r safbwynt hwnnw.
    (ii) Dim ond pum milltir tu allan i Dredawel y mae'r fferm, neu ddeng munud yn y car o dŷ teulu'r Edwards. Mae'r teulu yn rhagweld bydd setlo Rhys gyda'r teulu arall yn cymryd amser gweddol hir. Byddai byw yn eithaf agos yn gymorth ymarferol mawr iddyn nhw.

(iii) Mae'r ddau deulu yn siarad Cymraeg ac yn awyddus i hyn gael ei gynllunio tu fewn i unrhyw drefniant teulu cyswllt. Does dim cymaint â hynny o deuluoedd Cymraeg gyda ni.

Anfanteision

Mae'r prif ddadleuon yn erbyn hyn yn ymwneud yn fwy ag ymarfer dda. Efallai y bydd y cyfuniad yn gyflym ond a fydd yn llwyddo? Mae nifer o bryderon gennyf i am y problemau y gallen ni eu creu. Byddai angen delio â nhw'n ofalus. Ydy hi'n werth mentro?

(i) Efallai bod gan deulu'r Jones syniad afrealistig o'r hyn a olygir wrth gymryd rhan yn y cynllun. Ces i'r argraff fod Mrs Jones yn fwy awyddus na'i gŵr am y syniad. Roedden nhw'n pwysleisio bod un o'u perthnasau eu hunain yn 'anabl', ond mae'n debyg y gall hyn fod yn gamarweiniol – yn ogystal â bod yn gymorth – wrth iddyn nhw ystyried eu disgwyliadau.

(ii) O safbwynt teulu'r Edwards, fe allen nhw weld teulu'r Jones fel pobl hŷn na'r hyn fyddai'n ddymunol. Disgrifiodd Mrs Edwards ei theulu cyswllt delfrydol fel un lle byddai plant eraill yr un oedran â Rhys neu rywfaint yn hŷn. Gall y fferm ymddangos yn fwy unig ac ynysig na'r hyn y mae hi'n ei ddisgwyl.

(iii) Dydy'r ffaith mai profiad cyntaf y ddau deulu o'r cynllun yw hwn ddim yn fy nharo i fel newyddion da, o leiaf ar y dechrau. Mae Mrs Edwards yn mynegi'r holl bryderon byddwn i'n eu disgwyl gan rywun sy'n dod ar draws y cynllun am y tro cyntaf. Ar ben hynny, rwy'n credu bydd angen llawer o help ar deulu'r Jones yn ystod y dyddiau cynnar. Byddai mwy o brofiad ar un ochr o leiaf wedi bod o fantais.

Y dasg

Gwaith pâr
Dylech chi gynnal y sgwrs sy'n digwydd rhwng Sandy Lewis a'r arweinydd tîm. Erbyn diwedd y drafodaeth, penderfynwch naill ai fynd ymlaen a chysylltu'r ddau deulu neu beidio. Dylech chi gytuno ar y ffordd y byddwch chi'n rhoi gwybod iddyn nhw am y rhesymau dros y penderfyniad hwnnw, ac awgrymu'r camau a ddylai ddilyn yn sgil hynny.

Gwaith unigol

Paratowch yr ateb y mae'r arweinydd tîm yn ei adael i'r neges hon. Gwnewch argymhelliad i naill ai fynd ymlaen a chysylltu'r ddau deulu neu beidio. Rhowch eich rhesymau.

Gweithio ym maes iechyd meddwl

~

Working in the field of mental health

Rhagarweiniad

Mae'r llyfr hwn yn canolbwyntio'n bennaf ar gyfathrebu, ac mae'r rhan y mae iaith yn ei chwarae wrth gyfathrebu yn ganolog i bob pennod. Daw'r thema ganolog honno yn bwysicach byth pan yw'r cyfathrebu yn ymwneud â chymlethdodau afiechyd meddwl.

Ceir crynodeb clir o'r cefndir cyfreithiol i ymarfer gwaith cymdeithasol o dan Ddeddf Iechyd Meddwl 1983 gan Gwilym Prys Davies yn ei bennod 'Yr Iaith Gymraeg a Deddfwriaeth' yn *Gwaith Cymdeithasol a'r Iaith Gymraeg* (Williams et al, 1994). Fel y mae Prys Davies yn egluro, mae'r Ddeddf yn dweud y dylai gweithiwr cymdeithasol wedi'i gymeradwyo gyfweld â chlaf mewn 'dull addas' wrth asesu a ddylid derbyn y person hwnnw i'r ysbyty meddwl trwy orfodaeth. Ers hynny, manylwyd ymhellach ar yr amod hwn gan Gôd Ymarfer 1989 ac arweiniad yr arglwydd ganghellor. Ystyr 'dull addas' erbyn hyn, yw un sy'n rhoi sylw haeddiannol i gefndir diwylliannol y bobl y cyfwelir â nhw, ac mae cefndir diwylliannol yn cynnwys yr iaith y mynegir y diwylliant hwnnw trwyddi hi.

Yn yr agwedd hon o ymarfer lles cymdeithasol, mae'r gofynion cyfreithiol ar gyfer ymarfer ieithyddol sensitif yn adlewyrchu gofynion ymarfer dda. Mae iechyd meddwl yn faes sy'n rhoi rhai o'r pwerau mwyaf i weithwyr proffesiynol fedru ymyrryd ym mywydau a rhyddid ein cyd-wladwyr. Ar ben hynny, mae'n faes ymarfer lle mae adwaith y teulu, cyfeillion a'r gymuned yn gyffredinol i unigolyn sy'n dangos arwyddion o afiechyd meddwl yn gallu cael eu lliwio gan bryder neu elyniaeth. Fel yr awgryma Elaine Davies (1994), 'Mewn sefyllfa fregus mae pob sylw a chyfeiriad, pa mor fychan, ansylweddol neu amwys, yn rhan o'r digwydd'.

Yng nghyd-destun y llyfr yma, ni ellir anwybyddu rhai o'r materion mwy problematig ym maes seiciatreg ychwaith. Yn ein sgyrsiau bob dydd, yr ydym yn dod ar draws pobl yn gyson nad ydym yn cytuno â'u safbwyntiau neu sy'n gweithredu mewn ffordd nad yw'n ddymunol i ni a dywedwn fod yn rhaid eu bod nhw 'o'u cof'. Mae gan gymdeithas hanes hir ac annymunol o ddiffinio ymddygiad nad yw'n dderbyniol am resymau moesol neu wleidyddol fel ymddygiad sy'n gynnyrch afiechyd meddwl y mae angen 'triniaeth' orfodol arno. Er bod ymarfer gyfoes yn ceisio osgoi'r fath gyntefigrwydd, mae bob amser yn haws cywiro diffygion oes a fu na gochel rhag cwympo i faglau ein hoes ein hunain. Mae sefydliadau gofal heddiw yn derbyn niferoedd anghymesur o fenywod a phobl groenddu ac ifainc na'r hyn a geir mewn gwirionedd yn y boblogaeth gyffredinol.

Y cysylltiad rhwng yr holl grwpiau yma, yn y gorffennol a heddiw, yw eu bod yn gymharol ddi-rym. Mewn cymdeithas lle y defnyddir dwy iaith, un a gysylltir yn draddodiadol â grym a statws, a'r llall â bod yn wasaidd ac â

Introduction

Communication is the main focus of this book and the part which language plays in communication is the core of all its chapters. How much greater still is that central theme when the communication itself is caught up in the complexities of mental illness.

The legal background to social work practice under the Mental Health Act of 1983 is clearly summarized by Gwilym Prys Davies in his chapter 'The Welsh Language and Legislation' in *Social Work and the Welsh Language* (Williams et al., 1994). As Prys Davies explains, the bare text of the Act requires that an approved social worker should interview a patient in a 'suitable manner' when assessing whether that person should be compulsorily admitted to a mental hospital. That requirement has since been amplified both by the 1989 Code of Practice and by the direction of the lord chancellor. A 'suitable manner', it is now clear, is one which pays due regard to the cultural background of the person to be interviewed, and cultural background encompasses the language in which that culture finds its expression.

The legislative requirements for linguistically sensitive practice in this part of social welfare practice are a reflection of good practice requirements. Mental health is a field which confers some of the greatest powers upon professional workers to intervene in the lives and liberties of our fellow citizens. It is also an area of practice in which the reactions of family, friends and the wider community to an individual exhibiting signs of mental illness may themselves be marked by anxiety or hostility. As suggested by Elaine Davies (1994), 'In a fragile situation every comment and reference, however short, apparently insignificant or ambiguous, is part of the action'.

Also, in the context of this book, some of the more problematic issues within psychiatry cannot be ignored. In ordinary discourse we routinely deal with people with whose views we disagree or whose actions we dislike by declaring that 'they must be mad'. Society has a long and unenviable history of defining behaviour which it finds unacceptable for moral or political reasons as the product of mental illness and, as such, in need of compulsory 'treatment'. While contemporary practice aims to avoid such crudities it is always easier to correct the faults of another age than to steer clear of the pitfalls of our own. Present-day institutions admit disproportionate numbers of women and black and young people compared with their presence in the population as a whole.

The link between all these groups, in the past and today, is that of relative powerlessness. In a society which has two languages, one

stigma iddi, mae'n rhaid archwilio'r ffactor hon mewn ffordd yr un mor feirniadol. Mae unrhyw un sy'n gorfod cyfleu dryswch personol trwy iaith sy'n anghyfarwydd neu'n anodd, mewn perygl mawr y caiff yr ymbalfalu ieithyddol anochel ei ddehongli fel tystiolaeth o anawsterau yn y gallu i feddwl neu i ddal pen rheswm.

Trwy hyn i gyd, mae'r neges yn glir. Mae hawliau a rhyddid sylfaenol mewn perygl pan fydd ymarfer yn mynd ar gyfeiliorn. Yng Nghymru, ni ddylai methu â darparu gwasanaeth ieithyddol perthnasol fod yn rhan o'r broses lawn peryglon hon.

traditionally associated with power and status, the other with subservience and stigma, this factor has to be subjected to the same critical scrutiny. Anyone having to communicate their own confusion through a language which is itself unfamiliar or difficult is at significant risk of having their linguistic struggle interpreted as evidence of difficulties in their ability to think or reason.

In all of this the message is clear. Fundamental liberties are at risk when practice goes astray. In Wales the failure to provide a linguistically appropriate service should not be part of that risk-inducing business.

Cyflwyno'r Eirfa

Geirfa 1

acute illness	salwch difrifol *(eg)*
antidepressant drug	cyffur gwrth-iselder *(eg)* (cyffuriau gwrth-iselder)
anxiety	pryder (-on) *(eg)*
anxiety state	cyflwr o bryder *(eg)* (cyflyrau o bryder)
approved social worker	gweithiwr cymdeithasol wedi ei gymeradwyo (gweithwyr cymdeithasol wedi eu cymeradwyo)
clinic	clinig (-au) *(eg)*
clinical psychologist	seicolegwr clinigol *(eg)* (seicolegwyr clinigol)
community mental health centre	canolfan iechyd meddwl cymuned *(eb)* (canolfannau iechyd meddwl cymuned)
community psychiatric nurse	nyrs gymuned seiciatryddol *(eb)* (nyrsus cymuned seiciatryddol)
compulsory admission	derbyniad gorfodol (-au) *(eg)*
consultant psychiatrist	seiciatrydd ymgynghorol *(eg)* (seiciatryddion ymgynghorol)
crisis intervention	[1]ymyrryd mewn argyfwng
day hospital	ysbyty dydd *(eg)* (ysbytai dydd)
delusion	rhithdyb (-iau) *(eb)*
detained patient	claf dan orchymyn *(eg)* (cleifion dan orchymyn)
disturbed	wedi ei styrbio *neu* [2]wedi cynhyrfu
formal admission	derbyniad ffurfiol (-au) *(eg)*
hallucinate	rhith-weld *neu* rhith-synhwyro *(be)*
informal admission	derbyniad anffurfiol (-au) *(eg)*
injection	pigiad (-au) *(eg)*
in-patient	claf preswyl *(eg)* (cleifion preswyl)
irrational	afresymol *(ans)*
mad	gwallgof *(ans)*
madness	gwallgofrwydd *(eg)*
manic depression	iselder gwallgofus *(eg)*
melancholy	y felan *(eb)*
mental disorder	anhwylder meddwl *(eg)*
mental disturbance	cynnwrf meddwl *(eg)*

[1] *Dyma enghraifft arall o'r Gymraeg yn defnyddio berfenw lle defnyddir enw yn Saesneg.*
[2] *Mae cynhyrfu yn awgrymu 'disturbed = excited, emotional'.*

Mental Health Act	Deddf Iechyd Meddwl *(eb)*
Mental Health Act licence	trwydded Deddf Iechyd Meddwl (trwyddedau Deddf Iechyd Meddwl)
mental health review tribunal	tribiwnlys adolygu iechyd meddwl (tribiwnlysoedd adolygu iechyd meddwl)
mental illness	afiechyd meddwl *(eg)* (afiechydon meddwl)

Ymarfer Geirfa 1a

Dewiswch y gair/geiriau sy'n cyfateb orau i'r bwlch yn y brawddegau canlynol:

1 Syniad ffug oedd obsesiwn y dyn fod ei deulu am ei anfon i gartre i fyw: _____ oedd y cyfan.

   a dychymyg   *b* rhithdyb   *c* drychiolaeth
   ch rhithegol   *d* ymddangosiad

2 Daeth y symptomau yn gyflym iawn dros gyfnod eithaf byr o amser – arwyddion pendant o salwch _____.

   a meddwl   *b* iselder   *c* angheuol   *ch* tymor hir   *d* difrifol

3 Roedd yn gas ganddo fe gael _____ yn enwedig pan fyddai fe'n gweld y nyrs yn rhoi'r nodwydd i mewn i'w groen.

   a mewnosod   *b* mewnsaethiad   *c* pigiad   *ch* brechiad   *d* gwaniad

4 Roedd Mr Jones wedi dirywio cymaint yn ddiweddar nes ei fod e'n berygl i'w hun ac i eraill. Fel canlyniad, trefnwyd derbyniad _____ iddo fe i'r ysbyty i gael asesiad a thriniaeth yno.

   a gorfodol   *b* gwirfoddol   *c* gofal   *ch* brys   *d* gorchmynnol

5 Cyffur _____ fyddai'r driniaeth orau iddo ym marn ei feddyg, felly rhoddwyd *prozac* ar bresgripsiwn iddo.

   a gwrth-iselhau   *b* dirwasgiad   *c* gwrth-iselder
   ch tawelu   *d* gwrth-iseldir

6 Dywedir yn gyffredinol fod dau fath o _____ meddwl – seicosis a niwrosis.

a ddatblygiad   *b* iechyd   *c* ysbyty   *ch* afiechyd   *d* gynnwrf

7 O dan Ddeddf Iechyd Meddwl 1983, dim ond gweithwyr cymdeithasol wedi eu _____ sy wedi derbyn cyfnod o hyfforddiant ychwanegol sy'n cael arwyddo gorchmynion adran (*section orders*).

a cymeradwyo   *b* gwirfoddoli   *c* argymell
ch cymhwyso   *d* derbyn

8 Mae iselder _____ yn anhwylder meddwl lle mae'r claf yn mynd trwy gyfnodau eithaf cyfnewidiol o lawenydd mawr a thristwch dwfn.

a genedigol   *b* ynfyd   *c* gwallgofus   *ch* adweithiol   *d* gorffwyll

9 Sylweddolwyd bod y fenyw wedi ei _____ yn fawr yn dilyn y digwyddiad erchyll.

a aflonyddu   *b* blino   *c* annog   *ch* styrbio   *d* symud

10 Mae'r ysbyty dydd yn cynnal _____ mewn rhan wahanol o'r ardal bob dydd.

a clinig   *b* feddygfa   *c* ganolfan   *ch* clafdy   *d* meddygfa

Ymarfer Geirfa 1b

Llenwch y grid â'r gair/geiriau a ddiffinnir yn y brawddegau canlynol (cofiwch mai UN llythyren yw CH, DD, FF, NG, LL, PH, RH, TH yn Gymraeg;

1 Anhwylder nerfau lle mae'r claf mewn cyflwr o anesmwythder mawr:

_ _ _ _ _ _

2 Meddwl eich bod yn gweld, clywed neu deimlo rhywbeth/rhywun nad yw yno mewn gwirionedd:

_ _ _ ⁻ _ _ _ _

3 Mae'r arbenigwr hwn, mewn ysbyty, yn gweld cleifion sy'n dioddef, er enghraifft, o ffobiâu, obsesiynau a phroblemau meddwl eraill – ond dyw e ddim yn feddyg:

_ _ _ _ _ _ _ _ _ _   _ _ _ _ _ _ _ _

4 Prif gyfrifoldeb y nyrs yma yw helpu pobl sy'n dioddef o afiechyd meddwl i aros yn yr ardal lle maen nhw'n byw a pheidio â mynd 'nôl i'r ysbyty:

nyrs _ _ _ _ _ _ _   _ _ _ _ _ _ _ _ _ _

5 Disgrifiad o berson sy'n dioddef o anhwylder meddwl ac wedi'i ddrysu'n llwyr:

_ _ _ _ _ _ _

6 Rhywun sy'n anhwylus ac yn gorfod aros yn yr ysbyty am ei driniaeth:

_ _ _ _   _ _ _ _ _ _ _

7 Cafodd y cyfreithiau hyn eu pasio gan y llywodraeth ym 1983 i roi rheolau pendant ynglŷn â gofalu am bobl ag afiechyd meddwl:

_ _ _ _   _ _ _ _ _   _ _ _ _ _

8 Chwistrelliad o hylif, moddion a.a. trwy nodwydd, i mewn i'r corff:

_ _ _ _ _ _

9 Moddion, tabledi a.a. sy'n helpu lleihau symptomau digalondid/y felan:

_ _ _ _ _ _ _ _   _ _ _ _ - _ _ _ _ _ _ _

10 Disgrifiad o ddiffyg rheswm neu rywbeth sy'n groes i bob rheswm:

_ _ _ _ _ _ _ _

Geirfa 2

minor/major tranquillizer	tawelyn gwan/cryfaf *(eg)* (tawelion gwan/cryfaf)
mood swings	hwyliau ansad *(ell)*
multidisciplinary team	tîm amlddisgyblaethol *(eg)* (timau amlddisgyblaethol)
obsessional	obsesiynol *(ans)*
out-patient	claf allan *(eg)* (cleifion allan)
overdose	dôs gormodol *(eg)*
personality disorder	anhwylder personoliaeth (-au) *(eg)*
post-natal depression	iselder ar ôl geni
psychiatric clinic	clinig seiciatryddol (-au) *(eg)*
psychiatric hospital	ysbyty seiciatryddol *(eg)* (ysbytai seiciatryddol)
psychiatric nurse	nyrs seiciatryddol *(eb)* (nyrsus seiciatryddol)
psychiatric social work	gwaith cymdeithasol seiciatryddol
psychologist	seicolegwr *(eg)* (seicolegwyr)
reactive depression	iselder adweithiol *(eg)*
schizophrenia	sgitsoffrenia *(eg)*
self-help group	grŵp helpu ei gilydd (grwpiau helpu ei gilydd)
stress	straen *(eg)*
suicidal	hunanddinistriol *(ans)*
treatment	triniaeth (-au) *(eb)*
unreasonable behaviour	ymddygiad afresymol *(eg)*
voluntary admission	derbyniad gwirfoddol (-au) *(eg)*
voluntary patient	claf gwirfoddol *(eg)* (cleifion gwirfoddol)

Ymarfer Geirfa 2a

Dewiswch y gair/geiriau sy'n cyfateb orau i'r bwlch yn y brawddegau canlynol:

1 Cafodd Eleri ei danfon i'r _____ lleol lle byddai hi'n cael y driniaeth orau am ei hafiechyd meddwl.

   a ysbyty dydd   b ysbyty cyffredinol   c ysbyty arbennig
   ch ysbyty seiciatryddol   d ysbyty cymuned

2 Ofnwyd y byddai'r claf yn lladd ei hun ar ôl dangos tueddiadau _____ yn ystod y mis diwethaf.

   a hunanol   b angheuol   c hunanddinistriol
   ch marwol   d hunanganolog

3 Fel claf _____, roedd e'n derbyn triniaeth heb unrhyw orfodaeth ac roedd e wedi cynnig ei hun amdani.

   a allan   b seiciatryddol   c preswyl
   ch dan orchymyn   d gwirfoddol

4 Daeth ei hwyliau _____ yn fwy amlwg bob dydd wrth i'w dymer newid yn gyson o un pegwn i'r llall.

   a ansad   b sigledig   c ansicr   ch ansefydlog   d di-ddal

5 Yn dilyn wythnos waith o dros 80 awr, roedd y meddyg o dan lawer o _____ a mawr angen gorffwys arno.

   a drymder   b ddylanwad   c wasgedd   ch straen   d bwyslais

Ymarfer Geirfa 2b

Llenwch y grid â'r gair/geiriau a ddiffinnir yn y brawddegau canlynol (cofiwch mai UN llythyren yw CH, DD, FF, NG, LL, PH, RH, RH, TH yn Gymraeg:

1 Afiechyd meddwl lle mae'r berthynas rhwng meddyliau, teimladau a gweithredoedd yn dirywio a, hefyd, ceir rhithdybiau a chilio rhag bywyd cymdeithasol:

   _ _ _ _ _ _ _ _ _ _ _

2 Math o afiechyd meddwl sy'n effeithio ar famau yn ystod yr union gyfnod wedi iddyn nhw gael babi:

   _ _ _ _ _ _ _   _ _   _ _   _ _ _ _

3 Mae'r person yma'n astudio sut mae pobl yn meddwl, teimlo ac ymddwyn fel unigolion, ac fel unigolion mewn grwpiau:

   _ _ _ _ _ _ _ _ _

4 Cymryd llawer mwy o gyffuriau na'r hyn sy'n cael ei argymell, gan beryglu eich bywyd yn aml iawn:

   cymryd _ _ _   _ _ _ _ _ _ _ _

5 Cyffur a ddefnyddir er mwyn lleihau pryder mewn cleifion:

   _ _ _ _ _ _ _

Ymarferion Cymwysedig

Os ydych chi'n defnyddio'r llyfr hwn ar eich pen eich hunan, dilynwch y cyfarwyddiadau dan **Gwaith unigol**.

Os ydych chi'n defnyddio'r llyfr hwn gyda rhywun arall sy'n siarad Cymraeg neu'n dysgu'r iaith, dilynwch y cyfarwyddiadau dan **Gwaith pâr**.

Os oes angen mwy o gyngor ar sut i weithio trwy'r ymarferion yma, trowch yn ôl i'r bennod 'Sut i ddefnyddio'r llyfr hwn'.

Ymarfer Gymwysedig 1

Geirfa

cynllun lletya cefnogol	support lodgings scheme
methiannau	failures
amwys	ambiguous
ymbellhau	to distance oneself
cyrchfan	retreat/haunt

Y sefyllfa

Laura Griffiths ydych chi – yn darparu lletty mewn cynllun lletya cefnogol a drefnir gan yr Adran Gwasanaethau Cymdeithasol leol mewn tref lan y môr yng ngogledd Cymru. Rydych chi a'ch gŵr yn cynnig lle i fyw i bedwar o bobl sy wedi'u cyfeirio atoch chi gan dîm iechyd meddwl amlddisgyblaethol lleol. Daw pobl atoch chi o'r ysbyty ac o'r gymuned leol. Rydych chi wedi bod yn ymwneud â'r math yma o waith ers rhyw bedair blynedd ac wedi cael llwyddiannau yn ogystal â methiannau.

Un o'ch preswylwyr ar hyn o bryd yw Iwan Jones, sy'n bump ar hugain oed ac yn ddyn sengl y mae ei gyflwr fel arfer yn cael ei reoli gan foddion digon effeithiol. Cymro Cymraeg yw Iwan sy'n dod o'r ardal. Mae e'n fwy cartrefol yn y Gymraeg a dyna'n rhannol pam y cafodd ei leoli gyda chi, gan eich bod chi'n gallu siarad yr iaith hefyd. Mae ei nyrs gymuned seiciatryddol a'r gweithiwr cymdeithasol sy'n

weithiwr allweddol iddo fe hefyd yn siarad Cymraeg. Mae e mewn cyswllt â'i rieni sy'n byw mewn pentre bychan yn yr ardal. Mae ei berthynas â nhw'n amwys. Pan yw Iwan yn iawn, mae'n ymweld â nhw'n gyson ac o'i wirfodd. Pan nad yw cystal, gall ei deulu fod yn ffocws ar gyfer ei anfodlonrwydd. Yn y gorffennol, mae'r syniad sy ganddo fe fod ei rieni'n ei ddilyn neu'n cadw llygad arno fe, wedi arwain at drais. Mae gan Iwan frawd yn yr un dre hefyd ac mae eu perthynas nhw yn fwy sefydlog.

Dros y pythefnos diwethaf, rydych chi wedi dechrau poeni ynglŷn â sefyllfa Iwan. Mae'n ymddangos fod y ffordd y mae'n edrych, ei allu i reoli arian a'i ymddygiad cymdeithasol i gyd wedi bod yn dirywio ac mae e wedi ymbellhau a mynd yn anfodlon ei fyd. Heddiw, am y tro cyntaf yn ystod y pedwar mis mae e wedi bod yn aros gyda chi, mae e wedi penderfynu peidio â mynd i'r ganolfan ddydd leol sydd, hyd yn hyn, wedi bod yn brif gyrchfan iddo fe am ddau ddiwrnod bob wythnos.

Y dasg

Gwaith pâr
Cymerwch rannau Mr a Mrs Griffiths i drafod y cwestiynau ysgogi, ystyriaethau a'r penderfyniadau sy'n dilyn.

Gwaith unigol
Meddyliwch am y materion a amlinellir isod a gwnewch y penderfyniadau angenrheidiol. Dylech ymarfer yn uchel unrhyw sgyrsiau fyddai'n dilyn eich penderfyniadau.

Cwestiynau ysgogi

1. Pa mor sicr ydych chi fod hon yn broblem 'go iawn'? Ydy Iwan yn dioddef o anhwylder yn unig? Ydych chi'n ei nabod e'n ddigon da i fod yn siwr?
2. Ydych chi wedi gofyn yn uniongyrchol am ei foddion? Os ydych chi'n tybio bod y broblem yn ymwneud â pheidio â chymryd y moddion iawn, beth allech chi ei wneud i ddod i wybod mwy am hynny?

Ystyriaethau

1. I ba raddau rydych chi'n gyfrifol am weithredu yn yr achos yma? Ydy 'cefnogi' yn golygu cynnig help cyffredinol pan ofynnir amdano neu ydy e'n mynd ymhellach na hynny fel eich bod yn ymyrryd eich hunan pan yw'n ymddangos fod problemau yn codi?
2. Os ydych chi'n penderfynu cysylltu â rhywun, pwy fyddai orau? Teulu Iwan? Y ganolfan ddydd? Ei weithiwr cymdeithasol?
3. I ba raddau dylech chi gynnwys Iwan ei hunan mewn unrhyw benderfyniad a wneir?

Penderfyniadau

Ar ddiwedd eich trafodaeth neu ystyriaethau, penderfynwch rhwng y dewisiadau canlynol:

* peidio â gwneud dim ac aros i weld sut mae pethau'n mynd dros y dyddiau nesaf;
* siarad ag Iwan a cheisio dwyn perswâd arno i fynd i'r ganolfan ddydd neu gysylltu ag aelod o'i dîm gofal iechyd am gyfarfod;
* dweud wrth rywun yn uniongyrchol eich hunan a gofyn iddyn nhw ymyrryd.

Ymarfer Gymwysedig 2

Geirfa

perchennog	owner
cynnydd	progress
gwadu	to deny
dirwyn i ben	to come to an end
cynhyrfu	to become disturbed

Y sefyllfa

Morfudd Richards ydych chi, nyrs gymuned seiciatryddol yng nghanolfan ddydd Cwmcadno. Yn ystod bore prysur, mae Iwan Jones wedi cyrraedd yn hwyr gyda Mrs Griffiths, perchennog y llety lle mae e'n byw. Maen nhw'n gofyn i chi siarad â nhw yn breifat ac rydych chi'n cytuno – yn groes i'ch dymuniad – gan eich bod ar fin dechrau sesiwn trafodaeth grŵp.

Yn y cyfarfod sy'n dilyn rhwng y tri ohonoch chi, mae Mrs Griffiths yn mynegi ei phryderon am gynnydd Iwan yn ddiweddar. Mae hi'n dweud yn uniongyrchol wrth Iwan ei bod hi'n meddwl efallai nad yw e'n cymryd ei foddion a bod hyn eisoes yn creu problemau iddo fe. Mae Iwan yn gwadu hyn i gyd. Mae'n dweud ei fod e wedi bod yn dioddef achos ei fod e'n dal annwyd. Yr unig reswm iddo fe gytuno i ddod i'r ganolfan ddydd heddiw yw i dawelu pryderon Mrs Griffiths.

Y dasg

Gwaith pâr
Dylech chi gwblhau'r cyfweliad yma gan ofyn cwestiynau i Mrs Griffiths ac i Iwan yn eu tro. Defnyddiwch y cwestiynau ysgogi, ystyriaethau a'r penderfyniadau sy'n dilyn i'ch helpu.

Gwaith unigol
Gwnewch restr o'r cwestiynau y byddech chi am eu gofyn i Mrs Griffiths ac i Iwan yn eu tro. Gwnewch yn siwr eich bod chi'n nodi unrhyw eiriau newydd y byddai eu hangen arnoch chi. Dylech chi ymarfer y cwestiynau yn uchel.

Cwestiynau ysgogi ac ystyriaethau

1. Faint o bwysau rydych chi'n ei roi ar y ddwy stori rydych chi wedi'u clywed?

   • Ydy Mrs Griffiths yn rhy bryderus? Ydy hi wedi camddeall symptomau cyffredin afiechyd corfforol am rywbeth arall?
   • Ydych chi'n gallu dibynnu ar Iwan? Rydych chi'n gwybod iddo gael problemau o'r blaen pan doedd e ddim yn cymryd ei foddion. Eto i gyd, fe ymddangosodd yn ddigon clir a rhesymol ar y cyfan.

2. Ydych chi mewn sefyllfa i wneud rhywbeth arall ar hyn o bryd? Cofiwch fod grŵp yn aros amdanoch chi a bod gennych chi raglen brysur o ddyletswyddau eraill trwy gydol y dydd.

Penderfyniadau

Ar ddiwedd y cyfweliad, bydd angen i chi benderfynu rhwng y cynlluniau

gweithredu canlynol neu unrhyw rai eraill a all fod gennych chi:

- cadw llygad barcud ar y sefyllfa yn ystod y dydd i weld sut mae pethau'n datblygu;
- gweithredu ar unwaith eich hunan i archwilio'r sefyllfa ynglŷn â'i foddion a threfnu cyfarfod eto â Mrs Griffiths ac Iwan;
- cysylltu â gweithiwr cymdeithasol Iwan fel ei fod yn pasio'r wybodaeth yn ogystal â chyfrifoldeb am unrhyw gyfarfodydd dilynol ymlaen i'w weithiwr allweddol.

D.S. Yn union cyn i'ch cyfweliad ddirwyn i ben, gofynnodd Mrs Griffiths i Iwan a oedd am fynd i dŷ ei rieni yn syth o'r ganolfan ddydd fel arfer. Dechreuodd Iwan gynhyrfu ac roedd ei ateb yn anodd ei ddeall. Roedd e fel petai'n dweud na fyddai'n mynd achos 'bod nhw wastad yn gwybod beth wy'n wneud'. Serch hynny, fe gadarnhaodd e y byddai fe'n dychwelyd i'w lety am ei swper fel arfer.

Oes angen i chi ailystyried eich penderfyniad yng ngoleuni'r wybodaeth uchod?

Ymarfer Gymwysedig 3

Geirfa

ar frys	urgently
cymwysterau	qualifications
trafnidiaeth	transport
cyflawni	to execute (an action)
goblygiadau	implications

Y sefyllfa

Elfyn Jones ydych chi. Yn hwyr yn y bore, mae eich brawd Iwan wedi galw i'ch gweld chi yn Swyddfeydd y Cyngor lle rydych chi'n gweithio fel swyddog iaith Gymraeg. Mae'n amlwg fod Iwan wedi cynhyrfu. Fe benderfynwch chi fynd am ginio yn gynnar a siarad â fe mewn caffi lleol. Ar ôl cyrraedd, mae Iwan yn dweud ei fod e wedi 'cerdded allan' o'r ganolfan ddydd. Doedd e ddim am fynd yno yn y lle cyntaf a'r unig reswm iddo fe fynd o gwbl oedd bod y 'landledi' wedi ei orfodi. Mae'n gwrthod mynd yn ôl achos bod ei rieni yno 'yn edrych arno fe trwy'r amser'.

Fe benderfynwch chi ffonio'r ganolfan ddydd a siarad â Morfudd Richards, y nyrs gymuned seiciatryddol, sydd ar ddyletswydd yn ôl Iwan. Rydych chi'n dweud yn glir fod angen i rywun ddod i nôl Iwan a thrafod yr hyn sy'n ei gorddi. Mae'n rhaid i chi fod yn ôl yn y gwaith am gyfarfod pwysig gyda chynghorwyr yn ystod yr hanner awr nesaf, felly bydd rhaid gweithredu ar frys.

Yn ôl yr ateb rydych chi'n ei gael gan Ms Richards – sydd yn amlwg dan bwysau – yr unig berson sydd ar gael ar unwaith yw gweithwraig gymdeithasol gynorthwyol. Mae hi'n medru'r Gymraeg ond does dim digon o gymwysterau gyda hi i wneud llawer ond cynnig trafnidiaeth yn ôl i'r ganolfan. Ni fyddai hi'n gallu cyflawni asesiad ar gyflwr Iwan na helpu datrys unrhyw un o'r materion sydd wedi codi yn ei gylch yn ystod y dydd. Does neb arall ar gael sy'n siarad Cymraeg. Efallai bydd modd dod o hyd i weithiwr cymdeithasol wedi'i gymeradwyo i ddod nes ymlaen yn y prynhawn, ond siaradwr uniaith Saesneg fyddai hwnnw yn fwy na thebyg.

Yr unig ddewis arall fyddai dod ag Iwan yn ôl i'r ganolfan ar unwaith neu adael i bethau fynd am ddiwrnod arall nes bod ei weithiwr cymdeithasol ei hun ar gael eto yfory. Mae Ms Richards yn gofyn i chi ffonio 'nôl mewn pum munud i roi gwybod am eich penderfyniad.

Y dasg

Gwaith pâr
Ffoniwch Ms Richards i ddweud wrthi am eich penderfyniad a thrafod eich teimladau gyda hi.

Gwaith unigol
Gadewch neges yn rhoi gwybod am eich penderfyniad a'r goblygiadau i Ms Richards gydag ysgrifenyddes y ganolfan, gan ddweud wrthi sut rydych chi'n teimlo am y mater yma.

Cwestiynau ysgogi ac ystyriaethau

1. Beth mae Deddf Iaith 1993 yn ei ddweud am wasanaethau cyhoeddus a dyletswyddau awdurdodau lleol o ran darparu gwasanaethau trwy gyfrwng y Gymraeg? I ba raddau mae'r ateb rydych chi wedi'i dderbyn

hyd yn hyn yn bodloni'r gofynion hynny?
2. Sut byddech chi'n pwyso a mesur y cynigion sydd wedi cael eu gwneud? Ydy hi'n well cael gweithiwr heb gymwysterau sy'n gallu siarad ag Iwan yn yr iaith y mae e'n ei dewis? A fyddai'n well cael gweithiwr cymwys sy'n medru cyflawni asesiad llawnach a gwneud unrhyw benderfyniadau angenrheidiol, ond yn methu â gwneud hynny trwy gyfrwng y Gymraeg? Beth fyddai'r goblygiadau i'ch brawd petaech chi'n penderfynu o blaid y naill neu'r llall?

Penderfyniadau

Penderfynwch rhwng y cynlluniau gweithredu canlynol:

• ceisio dwyn perswâd ar Iwan i fynd yn ôl i'r ganolfan ddydd neu i'w lety. Os llwyddwch chi, wnewch chi fynd â fe eich hunan, neu alw tacsi?
• cytuno i ddilyn un o'r awgrymiadau a wnaed i chi am help gan staff y ganolfan ddydd. Penderfynwch sut i ddelio â goblygiadau ymarferol unrhyw un o'r penderfyniadau hyn;
• penderfynu cael y prynhawn yn rhydd o'r gwaith fel mater o argyfwng a delio â phethau ymhellach eich hunan. Gweithiwch allan sut byddech chi'n delio â goblygiadau'r penderfyniad yma hefyd.

Ymarfer Gymwysedig 4

Geirfa	prif weithredwr	chief executive
	mynegi ei gofid	to express her concern
	dihangodd	(he/she/it) escaped
	telerau	terms
	datrys	to solve
	dwyn ffrwyth	to bear fruit/be successful
	yn ddiau	doubtless
	cyfyngiadau	restrictions
	ymdrechion	efforts
	casgliadau	conclusions

Y sefyllfa

Chi yw prif weithredwr Cyngor Bro Derwyn, ac rydych chi'n derbyn y llythyr yma gan Mr Elfyn Jones:

★ ★ ★ ★ ★ ★ ★

Annwyl Brif Weithredwr,

Yr wyf yn ysgrifennu o dan drefn cwynion ffurfiol y Cyngor i dynnu'ch sylw at fy anfodlonrwydd ynglŷn â'r ffordd yr oedd eich staff wedi trin fy mrawd Iwan Jones ddoe.

Cleient y gwasanaethau iechyd meddwl lleol yw Iwan. Mae'n mynd i ganolfan ddydd Cwmcadno ddwywaith yr wythnos. Yn ddiweddar, mae ei iechyd wedi dechrau dirywio. Yr oedd hyn mor amlwg fel yr aeth ei 'landledi' gydag ef i'r ganolfan fore ddoe i fynegi ei gofid am y sefyllfa. Roedd yn gwbl amlwg i finnau pan ddihangodd e o'r ganolfan yn ystod y bore a dod i'm swyddfa yn edrych am help.

Pan gysylltais â'r ganolfan, fe'm synnwyd i ddarganfod nad oedd neb wedi sylwi ar absenoldeb Iwan ac roedd y math o gymorth a gynigiwyd i mi i wella'r sefyllfa yn anaddas ac yn annigonol. Nid yw'n dderbyniol o fewn telerau'r dyletswyddau a osodwyd ar awdurdodau lleol gan Ddeddf Iaith 1993 fod dim staff cymwys ar gael i roi gwasanaethau trwy gyfrwng y Gymraeg yn y sefyllfa anodd iawn yr oeddwn i a'm brawd wedi ei hwynebu brynhawn ddoe.

Fel mae'n digwydd, fe'm gadawyd i ddatrys y sefyllfa yn y ffordd orau a fedrwn fy hun. Yr oedd fy mrawd yn fodlon mynd yn ôl i'w lety ac roedd ei 'landledi' yn fodlon gofalu amdano am y prynhawn nes i mi fedru gadael fy swyddfa. Addawyd ymweliad i ni gan ei weithiwr cymdeithasol ei hun nes ymlaen heddiw a gobeithio y bydd hwn yn dwyn mwy o ffrwyth na'r lefel o ofal a diddordeb a ddangoswyd tuag at les fy mrawd hyd yn hyn.

Edrychaf ymlaen at dderbyn ateb cynnar gyda chanlyniadau'r ymchwiliadau y byddwch chi, bellach, yn ddiau am eu cychwyn.

Yr eiddoch yn gywir

Elfyn Jones

★ ★ ★ ★ ★ ★ ★

Mae eich ymchwiliadau yn cadarnhau rhai o'r problemau a amlinellodd yn y llythyr ond maen nhw hefyd yn dangos bod eich staff, sydd dan bwysau mawr, wedi gwneud eu gorau glas i ymateb i anghenion Iwan Jones o fewn y cyfyngiadau yr oedden nhw'n eu hwynebu ar y pryd. Derbynnir nad oedd ymateb y cyngor o dan ofynion Deddf Iaith 1993 yn ddigonol ond cymerwyd camau sylweddol tuag at wella'r sefyllfa ac mae'r ymdrechion hyn yn parhau.

Y dasg

Gwaith pâr
Rydych chi'n gwahodd Elfyn Jones i drafod ei lythyr a'ch casgliadau gyda chi wyneb-yn-wyneb.

Gwaith unigol
Drafftiwch y llythyr y byddwch chi, fel y prif weithredwr, yn ei anfon at Elfyn Jones.

Atebion i'r ymarferion geirfa

Yr Henoed

Ymarfer 1a

1 c gofal cartref
2 a cymysglyd
3 ch fyddar (*treiglad meddal ar ôl 'yn'*)
4 b profedigaeth
5 d ganolfan ddydd
6 c anabledd
7 b llety (*yn fwy tebygol na 'canolfan' achos bod 25 o bobl yn byw yno*)
8 d dirywiad
9 ch oedrannus (*byddai 'mewn oed' yn dderbyniol hefyd*)
10 c cerdded

Ymarfer 2a

1 c rhwydwaith
2 b gymorth cerdded
3 d ddiofalwch
4 b reolaeth
5 ch gadw yn yr ysbyty
6 a oed ymddeol
7 c gaeth
8 d chlyw (*angen treiglad llaes ar ôl 'ei' benywaidd*)
9 ch pryd ar glud
10 a symudol (*symudadwy = moveable*)

Ymarfer 1b

1 gofal dydd
2 iselder
3 canolfan gymuned
4 gorweiddiog
5 derbyniad
6 byddardod
7 cymysglyd
8 profedigaeth
9 llety
10 dirywiad

Ymarfer 2b

1 ddirywiad meddyliol
2 cartrefi lloches
3 clwb cinio
4 oed ymddeol
5 cartref hen bobl *neu* cartref henoed
6 cymorth cartref
7 ar ei phen ei hun
8 salwch tymor hir
9 anabledd corfforol
10 pryd ar glud

Troseddwyr

Ymarfer 1a

1 ch ymdoddi
2 c dirwy

Ymarfer 2a

1 c goddefwr (*dioddefwr = sufferer*)

3 *b* cydymffurfio (*nid*
 '*ufuddhau*' *gan fod* '*i*' *yn dilyn*
 '*ufuddhau*')
4 *ch* camddefnydd (*fyddai*
 '*camddefnyddio*' *ddim yn*
 addas yma)
5 *b* ddi-euog
6 *d* prawf
7 *b* fechnïaeth
8 *d* meddwyn
9 *ch* Goron (*treiglad meddal ar ôl*
 '*y*')
10 *c* adroddiad

2 *ch* ganolfan gadw
3 *a* Ynadon
4 *d* drosedd
5 *a* droseddwr ifanc
6 *d* orchymyn prawf
7 *c* adferiad
8 *ch* cymorth cyfreithiol
9 *b* cyngor cyfreithiol
10 *c* ddigadwraeth

Ymarfer 1b

1 cyffuriau
2 Deddf Cyfiawnder am
 Droseddau
3 meddwdod
4 canolfan ddydd
5 gofal wedyn
6 hostel fechnïaeth
7 cydymffurfio â
8 ymdoddiad *neu* ymdoddi
9 camddefnydd o gyffuriau
10 prif swyddog prawf

Ymarfer 2b

1 adferiad
2 carchar lleol
3 Ynad Heddwch
4 swyddog prawf
5 cymorth cyfreithiol
6 llys ieuenctid
7 digadwraeth
8 goddefwr
9 troseddwr ifanc
10 canolfan gadw

Plant a Theuluoedd

Ymarfer 1a

1 *c* gartref maeth (*tŷ maeth*
 = *foster house; treiglad*
 meddal ar ôl '*i*')
2 *b* plant a gamdriniwyd (*gw.*
 nodyn 2 yn yr eirfa)
3 *c* reolaeth
4 *d* mabwysiedig
5 *ch* warcheidwad

Ymarfer 2a

1 *ch* oedran meddyliol
2 *b* uwchweithiwr
3 *a* orchymyn diogelu (*treiglad*
 meddal ar ôl '*am*')
4 *ch* magwraeth
5 *c* mewn gofal
6 *d* arbennig
7 *a* cynllun chwarae

6 *a* amddiffyn
7 *d* cynhadledd achos
8 *b* gofal
9 *a* dibynnol (*dibynadwy =
dependable*)
10 *c* credyd teulu

8 *b* ddamweiniol
9 *ch* ward
10 *b* wrthod

Ymarfer 1b

1 teulu estynedig
2 meithrinfa ddydd
3 llosgach
4 Deddf Plant
5 rhiant maeth
6 mabwysiadu
7 budd-dal plant
8 oed ysgol gorfodol
9 gwarchodwr plant
10 cynllun gofal

Ymarfer 2b

1 cewyn *neu* clwt
2 teulu un rhiant
3 Cynllun Hyfforddi Ieuenctid
4 perygl moesol
5 man diogel
6 ysgol feithrin
7 cartref gofal preswyl
8 arweinydd tîm
9 esgeulustod corfforol
10 paediatregydd

Anawsterau Dysgu

Ymarfer 1a

1 *b* orfywiog (*treiglad meddal ar
ôl 'yn'*)
2 *a* oedi
3 *d* cyfathrebu
4 *ch* feddyliol
5 *a* glymu

Ymarfer 2a

1 *ch* hyfforddi
2 *c* meddyliol
3 *d* deallusrwydd
4 *ch* therapi gwaith
5 *b* ofal seibiant

Ymarfer 1b

1 anllythrennedd
2 nyrs gymuned
3 rhieni biolegol
4 sefydliadus
5 datblygiad

Ymarfer 2b

1 arafwch
2 normaleiddio
3 preswyl
4 isnormal
5 therapydd galwedigaethol

Iechyd Meddwl

Ymarfer 1a

1 *b* rhithdyb
2 *d* difrifol
3 *c* pigiad (*brechiad* = *inoculation*)
4 *a* gorfodol
5 *c* gwrth-iselder (*dirwasgiad* = '*depression*' *yn yr ystyr daearyddol/economaidd*)
6 *ch* afiechyd
7 *a* cymeradwyo (*dim treiglad ar ôl* '*eu*')
8 *c* gwallgofus
9 *ch* styrbio (*neu: chynhyrfu*)
10 *a* clinig

Ymarfer 2a

1 *ch* ysbyty seiciatryddol
2 *c* hunanddinistriol
3 *d* gwirfoddol
4 *a* ansad
5 *ch* straen

Ymarfer 1b

1 pryder
2 rhith-weld
3 seicolegwr clinigol
4 **nyrs** gymuned seicolegol
5 gwallgof
6 claf preswyl
7 Deddf Iechyd Meddwl
8 pigiad
9 cyffuriau gwrth-iselder
10 afresymol

Ymarfer 2b

1 sgitsoffrenia
2 iselder ar ôl geni
3 seicolegwr
4 **cymryd** dôs gormodol
5 tawelyn

Llyfrau defnyddiol

Rhestrir isod y llyfrau y sonnir amdanynt yn y penodau sy'n arbennig o berthnasol i faes gofal cymdeithasol yn y Gymraeg. Mae CCETSW wedi cyhoeddi *Cyfeiriadur Deunyddiau* sy'n cynnwys llyfryddiaethau helaeth ar nifer o bynciau yn y maes.

Elaine Davies, *They all speak English anyway – Yr Iaith Gymraeg ac Ymarfer Gwrth-Orthrymol / The Welsh Language and Anti-Oppressive Practice* (Caerdydd, Gwasg Prifysgol Cymru, 1994).

Robyn Lewis, *Geiriadur y Gyfraith / The Legal Dictionary* (Llandysul, Gwasg Gomer, 1992); mae'r llyfr hwn yn llawn o dermau arbenigol fydd yn berthnasol i'r rhai sy'n gweithio gyda throseddwyr.

D. Prys, H. Williams a S. Prys Jones (gol.), *Geirfa Gwaith Plant / Child Care Terms* (Caerdydd, Gwasg Prifysgol Cymru, 1993).

Rh. H. Williams, H. Williams ac E. Davies (gol.), *Gwaith Cymdeithasol a'r Iaith Gymraeg / Social Work and the Welsh Language* (Caerdydd, Gwasg Prifysgol Cymru, 1994).

Cyfeiriadur Deunyddiau / Directory of Materials : Cyfrol 1 / Edition 1 (Caerdydd, CCETSW, 1994).

Geirfa Gwaith Cymdeithasol / A Social Work Vocabulary (Caerdydd, Gwasg Prifysgol Cymru, 1988).